暴言市長奮戦記

明石市長 泉房穂のすべて

山岡淳一郎 著

世界書院

目次

4章 「人権派」兼「武闘派」弁護士……121

5章 泉房穂のこれから……163

1章

伏魔殿に乗り込む

世のなかには〝潮時〟というものがある。人口30万人の兵庫県明石市であれ、国政の権謀術数が入り乱れる東京・永田町であれ、政界では進むより退くほうが難しい。

明石市のトップ、泉房穂は、２０１１年に市長に就くと市民目線で財政再建に大ナタを振るい、子育て政策を積極的に採り入れて街の衰退を止め、人口を増加に転じさせた。

当初、泉の「やさしい社会」づくりに反旗をひるがえしていた商工業者は、人口が増えて街が賑わい、住宅が建ち、商いが上向くと態度をあらためる。子ども中心の施策にへそを曲げていた高齢者たちも、やや遅れて支援策が自らに波及すると相好を崩す。休日に泉が明石駅頭で演説を始めれば、瞬く間に人が集まり、握手を求めて長い行列ができるようになった。

老若男女が泉の手を握り、「ありがとう」と真顔で言うのである。街頭演説中、通行人から礼を言われる政治家を私は初めて見た。

市は税収が増え、経済の好循環を追い風に障害者、性的少数者たちの支援策も次々と打ちだす。メディアは「明石の奇跡」と持ち上げ、泉の人気は全国に広がった。

だが……、革命には反動がつきものだ。既得権を失う「古い体制」は変革者に牙を向く。追い落としの仕掛けはいたるところに張りめぐらされ、怨念うずまく激闘が展開された。

人気絶頂の泉を取り巻く状況は、２０２２年10月12日、明石海峡を速い潮流がながれるように一気に変わった。

その日、明石市議会本会議に泉への問責決議案が提出された。議場で、自民党と公明党の会派の議員らは「相反する考えを排除する言動が危険で不適切」と泉を糾弾する。

本会議の閉会後には記者会見が予定されており、関西圏のテレビ局は、可決を見越して、スタジオにコメンテーターを集めて生中継のスタンバイをしていた。

本会議の採決で、予想どおり問責決議は可決した。

スタジオの司会者やコメンテーターは、閉会後のライブの記者会見で泉が何を言うか、固唾をのんで見守った。問責決議は政治家の責任を問うもので、不信任決議と違って法的拘束力はない。やり過ごそうと思えばやり過ごせる。強気の泉は、おそらく居直って自己を正当化するのではないか、そうなれば叩きまくってやろう、とコメンテーターは手ぐすねをひいて待っていたはずだ。

ところが、本会議の採決のあと、女性議員に数日前の「暴言」の事実関係を質問された泉は、議員たちの射るような視線を浴びながら、こう応じたのだった。

「わたしが暴言を吐くこと自体が、かつての一件もありますので、もうそれは一発アウトだという認識をしております。そういった観点から、今回の暴言の責任をしっかりとりたい。政治家を引退したい。半年後の任期満了をもって、市長のみならず、あらゆる選挙に立候補せず、今後は政治家ではなく、違う形で世の中に貢献していきたい。それをもって責任をはたしたいと考えております」

本会議中に泉の口から「政治家引退」の発言が飛び出した。議場はもとより、スタジオのなかも「えっ、えぇーっ」と凍りついた。まさか、そこまでとは……コメンテーターはぽかんと口をあけ、振り上げた拳の落としどころを失った。引退宣言を誰も予想していなかった。暴言を吐いたのは「11年半に及ぶ積もり積もった怒りが爆発したということでございます」と泉は述べ、議会の多数を占める自公系議員や、前例主義に染まった市の幹部職員との激闘にひとまず、区切りをつける。ここが引き際と見極めたのだった。

2度目の暴言はこうして起きた

ことの起こりは4日前にさかのぼる。

母校、市立二見小学校の創立150周年記念式典に向かう車中で泉は上機嫌だった。ふるさとの漁師町、二見には「貧困と差別」に立ち向かう泉の原点があり、思い出話に花が咲く。車のなかは笑いが満ちた。ホームタウンの温もりにもうすぐ包まれる、と……。

が、しかし、会場の体育館に入り、旧知の元市議とひと言、二言交わすと、泉の顔色は変わった。たちまち激昂し、居合わせた自民党の市議会議長と公明党の女性議員に「問責なんて出しやがって。ふざけているのか。選挙で落としてやる」「問責決議案に賛成したら許さんからな」と暴言を放った。

問責の理由は3つあった。前年8月、コロナが猛威をふるうなか、全市民への5000円分のクーポン配布を議会が継続審査としたのに「苦しむ市民を待たせてはいけない」と専決処分で即座に実施したこと、大規模工場の緑地率を引き下げる条例を議会が可決したにもかかわらず再議に付したこと、市内に工場を置く川崎重工の課税額を守秘義務に反して「5年連続ゼロ」とツィートしたこと（約10日後に削除）である。

29人の市議のうち自民党系の13人が、「自己の主観のみでものごとを決め、相反する考えは排除する姿勢がみられる。こうした言動は危険で、市長として不適切」と連名で問責決議案を出そうとしていた。

市民目線の政治にこだわる泉には、それは「嫌がらせ」としか映らなかった。13人の議員のうち少なくとも4人は前回の市議選挙で泉に応援を頼み、街宣のマイクを握ってもらっている。積もり積もった鬱憤が、短いやりとりを機に堰を切ってあふれ出たのである。

しかしながら、どのような理由があろうと、権力を持つ市長のパワーハラスメントは許されない。権力の使い方を誤れば暴政につながる。

突然の暴発に泉の友人は肝をつぶした。式典が終わり、席を立った泉にがっちりした体躯の男が歩み寄る。幼なじみで選挙期間中は街宣カーのハンドルを握る朝比奈秀典だ。解体工事会社を営む朝比奈は自民党とつながっており、明石出身の経済産業大臣、西村康稔を支持する一方、竹馬の友である泉の選挙は特別に応援していた。泉と西村は、知る人ぞ知る犬猿の仲だ。地元で人気の高い泉が国政をめざせば、政府の要職を務める西村でも枕を高くしては眠れない。地方独特の人間関係が政治に複雑な影を落としている。

朝比奈は「おまえなぁ、市長やろ。場所をわきまえろ。せっかくいいことしているのに、あんなこと言うたらゼロになるぞ」と泉に耳打ちした。

ふたりは中学の柔道部で一緒に稽古をした仲である。いさめる友人に「うん、うん」と泉はうなづくが、気もそぞろ。会場を出て公用車に向かって歩いていると「市長、靴、靴、靴」と周囲から声がかかった。体育館の感染対策用のビニール・カバーで靴を包んだまま外に出ていた。泉はしゃがんでビニールを靴から外し、ようやく、にっこりとほほ笑んだ。

居合わせた議員がマスコミ各社に連絡を入れ、泉の舌禍はあっという間に広まった。

冷静さを取り戻した泉は、暴言を浴びせた市議たちにわびた。20人の後援者にも電話をかけて軽率なふるまいを謝し、反応を受け止める。朝比奈は「このままではあかん。こんどは退くしかないな。おまえの腹ひとつや」と単刀直入に言った。

泉の暴言が全国ニュースで流れるのは二度目だった。

２０１９年1月下旬には、何者かが、1年半前に道路拡幅の公共工事の土地買収をめぐって、立ち退き交渉が遅れていた建物に「火をつけてこい。捕まってしまえ」と泉が職員に怒鳴った録音データをメディアに持ち込んだ。それを機に暴言が表面化し、泉は「取り返しのつかないことをした」と頭を垂れて職を辞している。

どうしてそのタイミングで、すでに立ち退き交渉は解決したにもかかわらず、録音データがマスコミに流れたのか。詳しい顛末はキーパーソンの証言を交えて次章に記すが、並の市長ならそこで一巻の終わりだ。しかし泉の子育て政策を支持する若い母親たちが勝手連的な署名活動を始め、神風が吹いた。

5千筆の署名を受け取った泉は、感極まって号泣し、出直し選挙に立った。全投票の7割を得て再選される。心を入れ替えアンガーマネジメントの講習を受け、カッとしても6秒間耐える訓練を積む。そうした努力も小学校の記念式典での激発で元の木阿弥となった。

泉は問責決議が通った本会議で、政治家引退を表明し、敵対勢力との血みどろの闘いに終止符を打った。ありていにいえば「停戦宣言」を発している。明石が変わった裏で、どのような激闘が展開されたのか。暗闘を白日の下にさらしてみよう。

シロウト候補と鬼の選挙参謀

振り返れば、最初の市長選挙以来、泉のまわりは敵だらけだった。出馬会見で、「あなたの支持母体はありますか?」と記者に問われた泉は、「支持母体は市民だけです。それで十分だと思います」と答えて失笑を買う。すべての政党、労働組合や業界団体、宗教団体を敵に回していた。勝算を聞かれて「当然あります。必ず勝ちます。それが明石の街と市民のためだからです」と応じても誰も信用しなかった。

大方の予想は、対抗馬の宮野敏明の圧勝間違いなし、だった。

宮野は兵庫県の首領ともいえる自治（総務）官僚出身の井戸敏三知事の元側近で県民政策部知事室長を務めた人物だ。5期20年、知事を務める井戸の権勢と自民党の応援で十中八九、当選間違いなしと言われていた。かたや泉は、人権派弁護士として貧しい依頼人のためにタダで奔走する傍ら、企業相手の損害賠償訴訟ではガッポリと補償金を取って力を蓄えた。選挙活動の費用は、他人に頼らず、すべて自腹でまかなった。

宮野陣営が組織的な「動員」をかけて千人の演説会を開くのに対し、泉は地べたを這いずり回って有権者一人ひとりの心をつかもうとした。毎朝、駅頭に一人で立ち、ガラガラ声を張り上げる。朝比奈が運転する街宣カーの助手席に乗り、明石市内をくまなく回った。

朝比奈は、流した汗の量とツボをついた戦術で勝敗が決まる「地方選挙」が三度の飯よりも好きだ。選挙期間中は朝から午後8時の制限時間までハンドルを握り続ける。トイレで用を足す以外は車から降りず、食事も車中で済ませた。全神経をそばだてて行き交う人の顔つきや、反応の仕方、敵方の雰囲気をとらえて戦術を組み立てる。泉を勝たせようと朝比奈も死に物狂いだった。

「わたしたちのことはわたしたちが決める市政を」と訴える泉に朝比奈は運転しながら細かく助言する。

「ほら、畑におるおじいさん、こっち向いたで。いまや、行け。一票、一票つかみとるんや」。

はじかれたように泉は車から飛び出して走った。宮野陣営の選挙カーとすれ違うと、朝比奈は「車のなかのスタッフ連中、楽しそうに笑ってたな。緊張感ゼロや。引き離そう。スーパーの前で停めるから握手しまくれ」と言う。泉はドアを開けて駆け出した。あまりに走りすぎて泉が疲労困憊し、「5分だけ時間をくれ」と言うと「親子連れがこっち見てるで。どうする？　落ちたかったら休めばええよ、通りたかったら……」

と、朝比奈はつぶやく。

「おまえは鬼や」と言い残し、汗だくの泉はまた走りだす。

泉の全力疾走の原動力は、貧しい漁師が肩を寄せ合って生きてきた故郷、二見の熱情だった。出陣式の前に年長の後援者は、泉の目をじっと見て、こう語りかけた。

「房穂、おまえが二見を見捨てんかぎりな、おまえが人殺しをしてもわしらは味方するぞ」

「そんな、人殺しなんかしませんよ」

「おまえは東京に行ったけど、二見を見捨てずに帰ってきてくれた。二見のために頑張るんなら、絶対にわしらは応援するからな。おまえが当選したあかつきには布団太鼓の神輿の上におまえを載せて、みんなで担ぐのが夢や。なんの便宜も恩恵もいらん。おまえを神輿にのせて担げたら、わが村の誇りや」

そのときも泉は感激して泣いた。人の情を熱源にして泉は走り、「自分たちのことは自分たちで決めよう」と声を張り上げ、当選確実といわれていた宮野の票を引きはがす。

投開票の当日、宮野陣営は井戸知事はじめ、後援会長で明石商工会議所会頭の柴田達三、明石に生産拠点を置く三菱重工、川崎重工、神戸製鋼などの関係者たちが、午後8時の開票開始とほぼ同時に「当確」と報じられると信じ、目抜き通りの白菊グランドビルに陣取った。だが、待てど暮らせど、当確のランプはつかない。井戸はしびれを切らして途中で引き上げる。日付が変わるころ、やっと結果が判明した。

得票数は泉5万4062票、宮野5万3993票。わずか69票、鼻の差で泉は逃げ切った。予想外の大逆転劇だった。勝利を確信していた宮野陣営は、あらかじめ「終わったら、どっちが勝ってもノーサイドで握手しよう」と朝比奈に伝えていた。泉は、なんと宮野の後援会長だった柴田に電話を入れて自らの後援会長就任を求めた。柴田は語る。

「バツは悪かったけれど、明石を立ち直らせるために一緒にやりましょうと声をかけられ、恩讐をこえて、お受けしました。泉さんの手腕に不安はありませんでしたね。文字どおり、市民のために政策の大ナタを振るいました。ただね、泉さんが思い切って手を打てば打つほど、市議会の先生方の恨み辛みを買うかな、大変やなと感じました。これは理屈じゃないんです。居酒屋に行けば、お客さんは、泉市長がんばってるな。それに比べて市会議員はあんなに高い給料とっていまで何しとったんや、と言うんです。わたし自身、商工会議所で何しとったんやと詰め寄られました。これが市議本人の耳に入ったら、とくに3期、4期のベテランにほど、理屈ではなく、人間の感情として、恨みを募らせるんですよ」

「予算権」と「人事権」が走り出した

紙一重の差で市長の座に就いた泉は、単身、市役所に乗り込んだ。しかし職員も議員も誰ひとり、近づこうとしない。だだっ広い市長室にポツンと置かれ、孤立した。

泉は部長、局長、副市長ら幹部職員と個別に面談し、「いったい、どないなってるんや」と常人の三倍速ぐらいの早口でまくし立てる。漁師町で育った泉の言葉は荒い。泉が何を要求しても職員は「前例がありません」「国が認めてくれません」「できません」としか答えない。猛烈な拒絶反応だった。

まるで「劇薬」を飲み込んだ獣が、えずいてそれを吐き出そうとしているかのような負のエネルギーが充満していた。泉は一般市民には特効薬でも、既得権と前例主義、年功序列が染みついた役所の住人にとっては猛毒を含んでいたのである。

だが、職員や議員がどんな態度をとろうが、知ったことではない。小学生のころから市長になって「やさしい明石」に変えたいと念じ続けてきた泉は躊躇なく改革を断行する。

本来、市長は「予算編成」と「人事」の二大権限を握っている。カネとヒトが市長の権力の源泉だ。泉は、まっさきに市の財政再建に手をつけた。

政策の基盤は一にも二にも財政である。地方政府は、中央政府と違って通貨発行権を持たず、国の財政健全化ルールに縛られている。無駄を徹底的に削り、予算を市民のために付け替えて執行しなくてはならない。

隗より始めよと、泉は自らの給与を3割カットし、市職員の10％もの地域手当を国の基準の6％へと段階的に下げた。不透明な口利きや、縁故主義のパイプを次々と断ち切る。選挙で支えてくれた朝比奈にも「余計な憶測を呼びたくないので市役所にはこないでくれ」と言い渡す。庁内の古い慣習を一新するにはまっとうな規律が必要だった。

当時、明石市の年間予算は、一般会計と特別会計合わせて約１７００億円だったが、赤字基調で市の貯金に当たる財政基金は、阪神・淡路大震災が起きた１９９５年の１６２億円から70億円まで減っていた。財政担当の職員は、「市長、赤字で基金はどんどん減少しています。緊急時の対応に40億円は必要ですので、それ以下には減らさないでください」と進言した。40億円までなら減らしてもかまわないと言いたいようだ。

「何言うてんねん。減らせへん。増やすがな」と泉が返すと、財政担当は「はぁ？」と鳩が豆鉄砲を食らったような表情を浮かべた。

赤字基調の主因は惰性的な公共投資である。その一つが市営住宅の新規建設だった。明石市には県営住宅4700戸、UR都市機構2600戸に加えて市営住宅が2100戸あり、公的住宅の数は近隣自治体よりも多い。そこで泉は市営住宅の新築供給にストップをかけ、総戸数を抑えてコストダウンをはかり、住宅の集約化、長寿命化へとシフトする。

財政再建にかける市長の本気度が庁内に伝わった。

ある日、「市長、ご相談があります」と財政部局の職員が市長室に入ってきた。

「じつは、隠れ借金が100億円あるんです」。職員は憂い顔で吐露した。

「何やと、聞いてないよ。どこにあるんや」と泉が訊き返す。

「土地開発公社です。歴代市長に何とかしたいと言い続けてきたのですが、全員が放っておけで、借金が隠れたままです」

土地開発公社は、バブル崩壊のツケを抱えた借金の塊だった。これは自治体が「地域の秩序ある整備」を目的に「土地の取得、造成その他の管理および処分」を行う法人であり、1972年に制定された「公有地の拡大の推進に関する法律」に規定されている。80年代から90年代のバブル期、全国の都道府県や市はこぞって土地開発公社を使って、土地の「先買い」に狂奔した。値上がりを見越して買い占めたのだ。

しかし、バブルが砕け散り、地価はどんどん下がる。明石市域では最高値の三分の一程度まで地価が下落し、抱えた土地は不良債権と化した。土地は処分できず、塩漬けにされた。北海道の炭鉱の町、夕張市が土地開発公社の破綻で財政再建団体に転落したことはよく知られている。多くの自治体の首長が、さわらぬ神にたたりなし、とばかり公社の清算には消極的だった。

「このまま公社を置いとくとどうなる」と泉は職員に尋ねた。

「利息がかさんで損するだけです」

「それなら借金払って、返そうや。借金に気づいた以上、わたしは先送りはしない。孫、子の代まで借金は残せんやろ」

「では、5億円ずつ20年で返済しましょうか」

「年に5億円やな。みんな一緒にがんばろう。公社は解散、清算や」と泉は指示した。

だが、不思議なことに市が出資した公社の清算なのに一銭も出していない県におうかがいを立てなくてはならなかった。単純にいえば、基礎自治体には借金をしたり、返したりする権限が与えられていない。兵庫県は自らの土地開発公社を存続させており、明石市の「5億円×20年」の返済に同意しなかった。返済するなら10年以内、できなければ返さなくていいという奇妙なルールが適用される。

明石市は「10億円×10年」という返済条件を受け入れた。処分できる土地は売って債務を圧縮したうえで、「第三セクター等改革推進債」という地方債を発行し、会計年度を超えて資金を借り入れて返済を行う。市が、毎年、約10億円ずつ元利を返し、三セク債を10年で償還するスキームがつくられた。金利水準が低かったので債務額を固定化したら、計画的に償還できる見通しが立った。こうして、ようやくバブル崩壊のツケが払われる。地方自治体にとって、土地問題は財政運営にのしかかる重い十字架であった。

あぶり出される既得権トライアングル

泉は下水道の整備計画も見直し、財政の足かせを外す。こうして予算編成の自由度を高める一方、もう一つの権力の源泉「人事」に手を突っ込んだ。

初登庁して間もなく、泉は人事担当の職員から「市長には実質的な人事権はありません」と言われて腰を抜かしそうになった。ほぼ内部の年功序列で人事は決まっていた。職員出身の副市長が指図をし、選挙で選ばれた市長は上がってきた人事案にハンコをつくだけ。どこの自治体でもそうなっていると聞かされ、愕然とする。

たとえば、土木職、建築職、電気・機械職の技術系3ラインは、課長―次長―部長と順送りでポストに就いていた。漫然と仕事をしていても60歳の定年前になれば、「はなむけ」の部長職が回ってくる。加えて創価学会系の部長枠もあるのだという。

「市民ための人事ではない」と感じた泉は、年功序列を撤廃し、50歳前後の有能な人材を部長にすえる。年功序列に親しんできた職員には驚天動地の凶事だ。平穏に過ごせば出世して退職できるはずが、定年がきても箔もつかずに放り出される。職員の怒りを買ったのはいうまでもない。とくに事業を縮小された道路や水道などの土木部門に恨みが募った。

大多数の自治体のインフラ整備分野では、職員（官）と公共工事を糧とする業者（業）、業界団体に推された議員（政）の「政官業」が結びつき、「鉄のトライアングル」といわれる癒着構造が形成されている。業界は選挙で議員を支え、議員は職員を使って業界が潤う予算案、法案をまとめる。職員は許認可権限や補助金の振り分けで業界や議員に報いる。

地方の政官業は、霞が関の省庁、地元選出の大物代議士ともつながり、それぞれの既得権を守ろうと動く。職員は水面下で議員や業者と接触し、公金を使って公共事業のプロジェクトをまとめ、政官業の調和に心血をそそぐ。市民からみれば癒着の構造でも、当人はそれが社会のためだと信じており、まったく悪気がないので始末に負えない。地元メディアも資本関係の縛りや情報ほしさに癒着構造を見過ごす。鉄のトライアングルはいつまでも存続して公金を吸い上げ、政策決定に影響を与え続ける……という構図だ。

市長就任一年目、土地開発公社の解散を決めて間もなく、泉に「殺すぞ」と書いた脅迫文が送りつけられた。動物の死骸が自宅の敷地に投げ込まれる。家のまわりに監視カメラが設置された。家族は、四六時中、何者かに見張られているような恐怖に震える。

そして、反泉の職員たちは露骨な手段で「組織防衛」に踏み出した。泉との打ち合わせや、会議でのやりとりを密かに録音するようになったのだ。

明石市の元幹部職員は、市長との会話の録音について、こう語る。

「泉市長と話すときは、何か抜いたろうかというのではなくて、（泉は）早口で話すでしょ。せかせかせかせか、落ち着きなくね。そやから、あとから決裁を仰ぐとき、聞き返さんとわからへん。そういうのもあったみたい。いわゆるハメたろうという悪いのはあんまりおりませんわ。やっぱり自分でも思うけども、地方公務員を志望する者は、基本、善人です。つつがなく、安定した生活をしたいと思っている」

メモ代わりの録音と言うが、泉本人は発言を録られていることをまったく知らなかった。

「職員が打合せや会議の場で、録音をとりたいと言ってきたことは一度もありません。ゼロです。こうやって取材で、レコーダーを出されてインタビューを受けることはあっても、打合せの席で職員が録音を申し出たことは一度もない。あとで録られていたと知るわけです。黙って録音するのはわたしからすれば盗聴みたいなものですね」と泉は語る。

会話をしている一方が相手の同意を得ず、何の断りもなく会話を録音し、またその事実を知らせないことを「秘密録音」という。秘密録音は最高裁判例で、著しく反社会的な行為を用いない限りは「違法ではない」とされている。セクシャルハラスメント、パワーハラスメントの裁判では被害者救済の観点より秘密録音の証拠能力が認められる。

一方で、録られた側には、自分が承知していないのに会話内容が部外者や不特定多数に知られる恐れがある。秘密録音はプライバシーの侵害に当たり、公権力がそれを行えば憲法に規定された幸福追求権や人格権を侵す違法行為という見方もある。

いずれにしても、市民に開かれた公的機関の市役所内で秘密録音が横行するのは異様だ。その感覚が麻痺しているところが、役所が伏魔殿といわれるゆえんであろう。秘密録音という導火線に火がつき、暴言報道の爆弾炸裂に向けてじりじりと燃え始める。

「5つの無料化」戦略

泉は、神戸の隣で衰退している明石の現状を分析し、市勢のV字回復を懸けて「子ども」に施策を集中した。東京大学教養学部に在籍していた二十歳のころ、すでに「子どもを応援しない国に未来はない」という趣旨のレポートを書いている。日本の子ども関連予算は、GDP比で他の先進国の半分程度のまま変化していない。子どもに重点投資しなくては、急激な少子化を防げず、国勢は衰えるばかりだ。根本策は学生時代のレポートと重なる。ただ、いざ、政策に落とし込む段階で、

明石市独自の5つの無償化

1. 医療費：18歳までの全員
2. 保育料：第2子以降の全員
3. おむつ：満1歳まで（宅配も）
4. 給食費：中学生
5. 遊び場；親子とも

すべて所得制限なし

すべて自己負担なし

5つの無料化

泉は極めてマーケティング戦略的にアプローチした。ベンチャー企業の経営者のような発想だった。

そもそも自治体にはそれぞれ特徴がある。神戸、大阪、京都の大都市圏は「働く」「学ぶ」「遊ぶ」機能が備わり、老若男女が集まって暮らす。しかし、明石はシャッター街が広がり、産業も停滞。企業中心の供給サイドの強化による経済成長は限界に達していた。事業者にいくら公金をつぎ込んでも市民には回らない。

ならば、どうするか。需要サイドの個人消費を増やす方向で勢いをつけるしかない。

明石の一番の特徴はベッドタウンということだった。会社員が神戸、大阪に通勤しながら子どもを育てる。成長した子どもは学校を卒業して、別の街で働き、所帯を持つ。

泉が注目したのは、「その後」だった。若い夫婦は、生まれた子どもをどこで育てようかと考える。明石はまわりの市の高級住宅地よりも住居費が安く、同じ値段で子ども部屋を一つ多く持てる。海に面して気候は温暖、晴天率が高く、子どもがのびのび遊べる環境が整っている。この環境で、国に頼らず、子育てを支える政策を独自に導入すれば、必ず、若い世代は明石を選んでくれると見とおし、「育てる」「暮らす」に政策目標を絞った。

顧客の子育て世代は「お金」と「もしも何かあったとき」の二つに大きな不安を抱えている。お金の不安には、①高校生までの医療費、②第二子以降の保育料、③公共の遊び場料金、④中学校の給食などの無料化で応える。「もしも何かあったとき」の不安は、⑤ゼロ歳児の家庭に子育て経験のある見守り支援員が無料でおむつを届け、いろいろな相談にのって解消する。これら「5つの無料化」を柱に子育て支援策をまとめた。

2012年、泉は市役所内に「こども未来部」を立ち上げる。明石の将来を背負うエンジン部門を創設した。泉は新任の部長にこう告げた。

「明石市は、生まれてきたすべての子どもに接します。一人も欠けることなく、子どもの顔を100%見ましょう。そのために追加で保健師を採用します。何人必要ですか」

市長の不退転の決意は、それまで日陰の存在だった福祉部門の職員の心を奮い立たせた。

2010年に39人だったこども部門の職員数は10年後には130人以上に増え、予算も126億円から258億円に倍増する。全国公募で弁護士12名を含む専門職を80人ちかく採用し、こども未

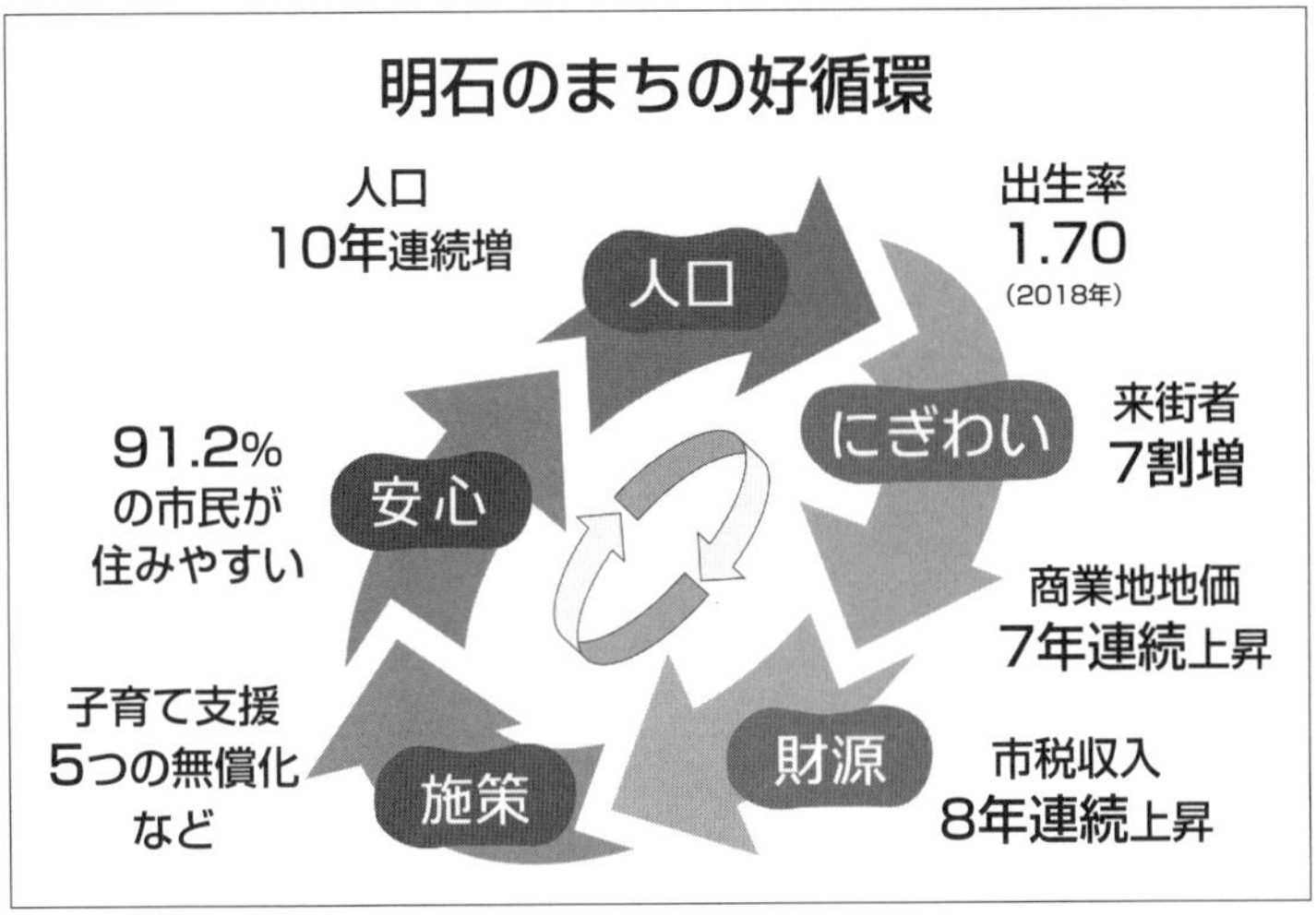

明石の町の好循環

来部は「こども局」へと格上げされていく。

保健師として現場でキャリアを積んだ佐野洋子は、こども部門のトップに抜擢された。佐野は、泉と最前線の職員の間で「発想の転換」が必要だったという。

「すべての子どもを支援するという市長の方針は、職員のモチベーションを高めました。ただ、100%のフォローは簡単ではない。たとえば、乳幼児の健康診査がありますが、そこに子どもを連れてこない方もいます。未受診です。そのなかには虐待とかいろんな課題が潜んでいる可能性がある。従来は保健師が未受診の追跡や、ケアをしていましたが、行政で100%は難しいんです。現場の職員は、必ず100%やりますとは言い切れません。正直、ギャップはありましたね。だけど、そこを目ざさないと変わらない。そのあたりの市長

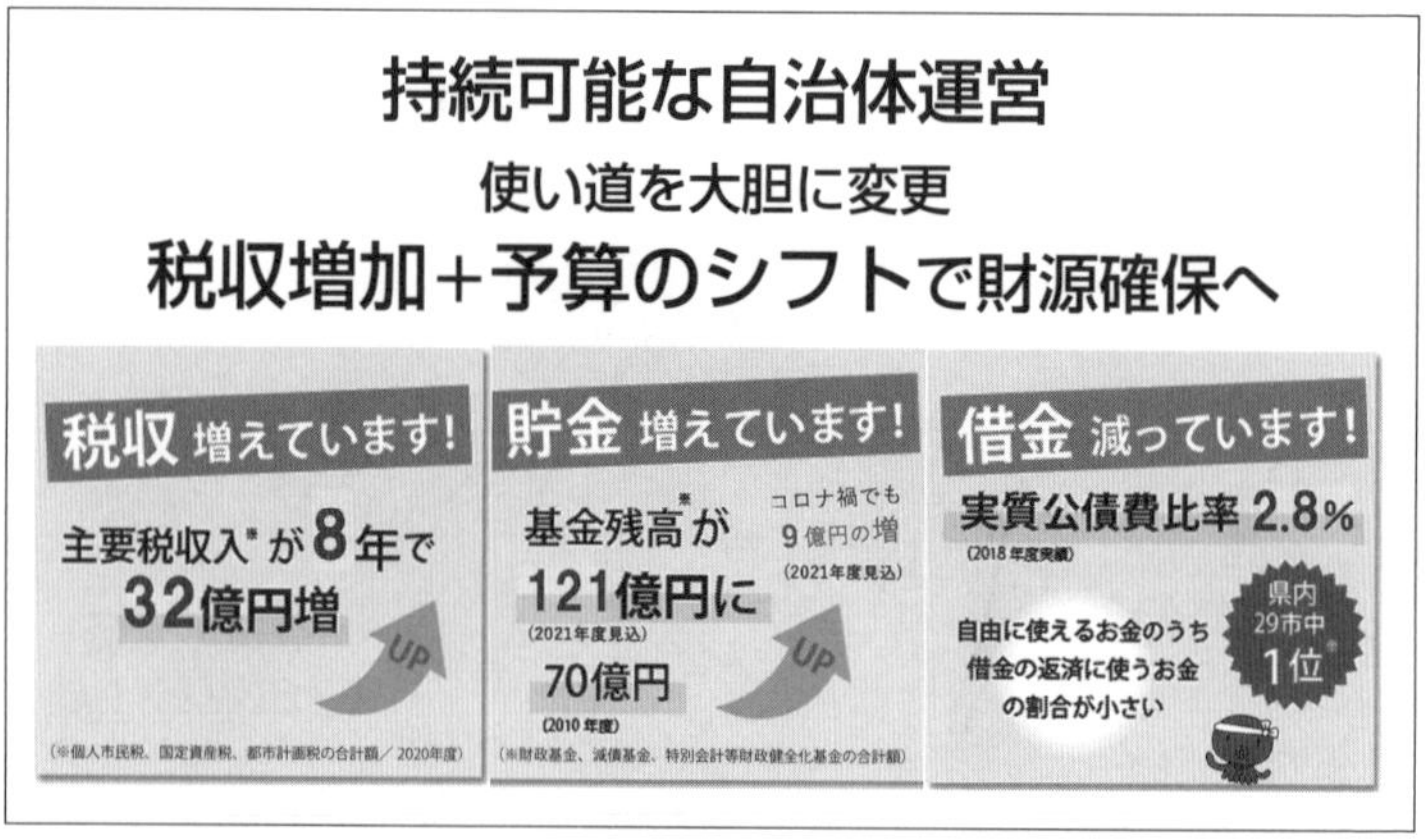
持続可能な自治体運営
使い道を大胆に変更
税収増加＋予算のシフトで財源確保へ
税収 増えています！
主要税収入※が8年で
32億円増
UP
（※個人市民税、固定資産税、都市計画税の合計額／2020年度）
貯金 増えています！
基金残高※が
121億円に
(2021年度見込)
70億円
(2010年度)
コロナ禍でも
9億円の増
(2021年度見込)
UP
（※財政基金、減債基金、特別会計等財政健全化基金の合計額）
借金 減っています！
実質公債費比率 2.8％
(2018年度実績)
自由に使えるお金のうち
借金の返済に使うお金
の割合が小さい
県内
29市中
1位

明石の財政

の思い、考えを現場に伝えて、発想の転換につなげました。工夫が必要でした。事業を『こどもスマイル１００％プロジェクト』と命名して重圧を和らげました」

ふつうの人の3倍速で喋る泉とのコミュニケーションに問題はなかったのか。

「あのスピード感には、やっぱりついていかないといけませんよね。今日言われたことが、明日できていないと遅いとなる。市長は、気を遣うところは遣ってくれますし、ディスカッションもよくします。関西人は口が悪いですから（笑）。さほど気になりませんね」

明石の人口は、減少に歯止めがかかり、13年から増加に転じた。翌年には税収も増え始める。「5つの無料化」が一つずつ実現するにつれ、子育て世代が続々と移り住んできた。

泉のマーケティング戦略は図に当たった。マンション業者は明石市の子育て政策と住環境のデータをもとに新築・中古物件のチラシをつくり、神戸や西宮で大量に撒く。ふたり目の子どもをどこで育てようかと思案していた夫婦層が大挙して動きだす。マンションの見学会に客がどっと押し寄せた。

しかし、泉の「こどもを核としたまちづくり」が本格的な地域の好循環を生むには、越えなければならない大きなハードルがあった。街の再生を賭した一大プロジェクト。「明石駅前南地区第一種市街地再開発事業」である。この再開発をめぐって泉と、対立する勢力の図式がより鮮明になっていく。

駅前再開発の攻防戦

ＪＲと山陽電車の明石駅の南側は一等地でありながら、２００５年にダイエー明石店が閉店すると、坂道を転がり落ちるようにさびれた。空室、空床の目立つ古くて小さなビルや木造の店舗が密集し、スラム化寸前の様相を呈していた。

その南側には「魚の棚（うおんたな）」のアーケード街が延びていて、明石特産の海産物や、練り製品、飲食を中心に約１１０の店が軒を並べる。こちらは市民の台所として根強い人気を保っていたが、駅との間に幽霊ビルが並ぶ駅前南地区があるので人の流れが分断される。駅前の一等地が死んだも同然、そのポテンシャルを生かしてどうやってよみがえらせるか……。駅前南地区に大きな権利を持つ明石市が音頭をとって、２００８年、権利者の「共同化検討会議」を発足させ、再開発への検討が始まった。

09年に「市街地再開発準備組合」が設立される。10年には基本計画が総理大臣認定されて再開発の青写真が固まり、大林組・野村不動産共同企業体が特定業務代行者に選ばれた。

一般に市街地再開発事業では、まず小規模ビルや木造密集地の地権者が土地を提供し、ひとまとまりの広い開発地区とする。事業開始前のそれぞれの権利の種類や資産額に応じて、事業後に建つ「再開発ビル」の敷地や床の権利が与えられる。これを「権利変換」という。地権者らは、権利変換で得た再開発ビルの敷地・床（権利床）で、自ら商売を営んだり、店舗や事務所のテナントに賃貸したりできる。

多くの再開発ビルは、建物が高く大きくなるので、新たな不動産価値を持つ敷地・床（保留床）が生まれる。こちらは事業者が権利変換後に手にして、たいてい新規の分譲住戸として販売する。新規分譲で得られる利益が市街地再開発の資金面を支えている。

では、10年に大臣認定された明石市の基本計画を見てみよう。古い建物が取り壊された約2・2ヘクタールの地区に約200戸の「超高層マンション」と、中層6階建ての「施設棟」二つの再開発ビルが描かれている。マンション住戸は野村不動産が売るのだろう。

6階建ての施設棟は日常の市民生活に直結している。こちらには市役所の市民課や福祉、税部門の窓口や、医療モール、飲食、ファッション、書籍の店舗、観光案内所などの配置が予定されている。子ども関連では親の通院や買い物に合わせて「こども一時預かり施設」を置くとある。計画は、生活圏を狭める「コンパクトシティ」のトレンドに沿っており、目新しさ、明石らしさは感じられない。

タワーマンションを建てて事業費を賄う手法は、明石より1年早く基本計画が総理大臣認定された大阪府高槻市（人口約35万人）でも採用されている。高槻は駅から徒歩3分圏内に約９００戸も住宅をつくるという。都市間競争で一気に人口を吸い上げようとしているようだ。再開発ビルに医療機関や行政窓口を集めるのも市街地活性化の常とう手段だ。北海道北見市（人口約12万人）や福島県福島市（人口約29万人）でも採り入れている。

しかし、地方の市街地再開発は、数百億円単位の事業費を投じても、居住人口や通行量、施設に来る人が増えた事例は少ない。内閣府地方創生推進室の報告によれば、再開発事業完了後、街の賑わいの目標を達成した割合は3割以下で、再開発前よりも「悪化」した例が5割に迫っている。いったい誰のため何のための再開発か……。

明石駅前南地区再開発事業は、11年3月、都市計画決定され、再開発を行う区域や道路、建物の概要、事業の枠組みが定められた。そこに初の市長選に立った泉が、体当たりをぶちかます。「中止ありきの見直し」を公約に掲げ、市長の座を勝ち取ったのだった。

泉の当選に心中穏やかではない人物がいた。駅前南地区再開発準備組合の事務局長、喜田耕史

（現パピオスあかし管理組合法人室長）である。喜田は明石市職員として土木部門に携わってきた。都市整備部長を務め、中心市街地活性化プロジェクト部長を最後に定年退職し、再開発準備組合の事務局長に就いていた。喜田にとって、駅前再開発は、部局を超えて取り組んできたライフワークだった。組合の事務局を束ね、再開発事業を実らせようと手続きを積み重ねていた。

政治的には喜田は創価学会、公明党とつながっている。喜田のフェイスブックには公明党代表・山口那津男と懇談した際のツーショットの写真が載せられ、「主に学生時代のこと。同じ地域で活動を共にしていました。恩師池田（大作）先生により結成されたグループの50年を記念した会合に参加の為に上京」と添えられている。

近年、公明党は国土交通大臣のポストを占めてきた。２００４年に北川一雄が就き、冬柴鉄三が継ぐ。しばらく空いて、12年に太田昭宏が就任すると、石井啓一、赤羽一嘉、斉藤鉄夫と党幹部が10年以上、独占している。公明党が国土交通行政に及ぼす影響は大きい。

新市長の泉と喜田が初めて対面したのは11年5月だった。駅前再開発事業は、すでに都市計画決定されており、見直すにはぎりぎりのタイミングだった。喜田がメディアや関係者に配った冊子「パピオスあかしに対する泉市長との協議、これに伴う発言」によれば、泉の第一声は、「この開発は大林組と一部の地権者が儲けるだけです。やめます。やるなら市民負担は１００億円を切ってください」だったという。

これに対し、喜田と市の担当職員は、「安心安全の街づくり」「未来の明石への投資」「選択と集中でやるべき」「国土交通省としても開発の全国のモデルケースになっている」……と説得したと冊子には記されている。

泉は、駅前の再開発への市民の要望をつかもうと、広報誌を使ったアンケート調査や、市内28小学校区での懇談会を行った。パブリックコメントで市民が望む公共施設の1位が「図書館」、2位「子育て施設」と意思表示される。泉の考えと一致した。

そこから6階建ての施設棟のフロア配置を大幅に見直した。元の計画では市役所窓口が4〜6階を占めていたが、11年10月、4階に子育て支援センターや親子交流の遊び場、一時保育ルームが集まる「こども広場」、5階が市役所窓口、6階に市民図書館を開く修正案がまとまる。その後、階は入れ替えられるものの、公共施設の大枠が決まった。「子ども」と「本」に特化した施設づくりが明らかになり、市の負担額も127億円から97億円へ縮減の方向で見直される。

計画の再検討と並行して、泉は、再開発事業を仕切る準備組合の人事に介入した。「透明な執行体制の確立」を準備組合に求め、不動産賃貸業を営む理事長の交代を突きつけたのだ。その理事長は事業者の大林組との関係が深いと噂されており、不適当と判断した。事務局長の喜田が理事長を兼務するレールを敷く。（後年、初代理事長だった人物は、神戸の保養地・六甲山中の別荘で仲間と開いた宴会で接待役の女性コンパニオンにわいせつな行為をした容疑で兵庫県警に逮捕された）。

ともかく、泉は「透明性」に徹底的にこだわった。喜田の冊子には「組合として事業推進のため受け入れざるを得ず、理事長を交代することとなった。組合員でない者が理事長をするということは、異例中の異例。全国の再開発でも珍しいこと」と書かれている。

12年10月、準備組合から選ばれた設立発起人が兵庫県に組合設立を申請し、「明石駅前南地区市街地再開発組合」が認可された。理事長に就任した喜田は、大林組の担当者と権利変換を前提に施設棟の1〜3階フロアのテナント（店子）誘致の水面下の交渉に入った。

「パチンコ屋とサラ金はあかん」

泉は、新しい明石の顔になる施設棟に入るテナントに強いこだわりを持っていた。

ギャンブル業種と消費者金融の排除である。弁護士時代、パチンコや競輪、競馬、競艇、オートレースといった賭博にのめり込んで困窮し、サラ金に手を出して転落したケースを嫌というほど見てきた。借金苦で家庭崩壊し、自殺に追い込まれた人もいる。

ギャンブル隆盛の背景には、病的賭博、いわゆるギャンブル依存症という「病気」の問題がある。人間の脳内には「報酬系」と呼ばれる神経回路が存在し、気もちよさや高揚感、多幸感は、この神経回路が働いて生じる。ギャンブルも、やり始めたころや大儲けしたときに報酬系が強く反応し、快楽物質のドーパミンが大量につくられ、放出される。

しかし、ギャンブルをやり続けて依存状態に陥ると、報酬系が鈍感になり、勝っても反応しなくなる。もっともっとと強い欲求に襲われ、没入してしまうのだ。ギャンブル依存症の罹患者は全国に320万人いるという。ギャンブルとサラ金は依存症の糸でつながる。

施設棟には、パチスロ店と、三つのサラ金が店子で入る権利を持っていた。泉は喜田にこれらの業者を入れるなと申し渡す。パチスロ業者は権利者と再開発組合の話し合いで飲食店への転換が決まったが、サラ金はなかなか他へ移るとは言いださなかった。

13年6月14日、喜田は大林組の担当者を連れて市役所に泉を訪ねた。テナント誘致の状況を説明するためだ。まだ裏交渉のさなかであり、具体的な業者名は絶対に口外しない前提での面談だった。その面談は泉の知らないうちに出席者によって秘密録音されていた。

その録音の音源を入手したので、やりとりを再現してみよう。

面談はなごやかな雰囲気で始まった。権利変換の実務担当者は、1階、2階に入る商店街の店や書店の概要を説明する。3階の医療モールに話がすすみ、施設棟の西隣のビルで開業中のAクリニックと、明石駅北口近くのビルに入っているM診療所が規模の拡大を視野に入れて、と担当者は述べた。

黙って説明を聞いていた泉が疑問をぶつける。

「市民から言うたら駅前は（再開発ビルも西隣のビルも）トータルに認識します。トータルに駅前のどこに何があるかの話やと思います。Aクリニックはすでに駅前におんねんやから、それで十分やないか、と。あの角のビルにいようが、こっちにこようがね、市民から見たらプラスちゃいますやん」

実務担当者は、Aクリニックの現状と医療モール入居後の違いを説いた。

「いまのビルでは約80坪で診療していますが、今回、医療モールに入れば200坪ぐらいを想定しています。Aクリニックの院長はMRI（磁気共鳴画像）を入れたりして、質の高い医療をやりたいということで、大学経由で消化器内科の准教授をよんできてやるんや、と倍以上の広さにしたいと言っています。Aクリニックが抜けたあとの西隣のビルのテナントをどう埋めて賑わいを保つかは先の話でいいかと思っています。市民から言うと、質の高い医療ですね。いまのビルではMRIなどが入れられません。M診療所も現状は、大変、患者さんが多くて2時間待ちがふつうです。そちらも規模を拡大して待ち時間を解消したい。うちのビルで両方できるか、と……」

「市民にしたら、駅前のクリニックが駅前で動いたからといって、かかれる病院が増えるわけじゃない。市民にとってのメリットないですね」と泉が言うと、喜田が口を挟んだ。

「いや、医療の質が高まります。単に右から左に同じような状態で動かしたら、市長さんが言われるようなことですが、質が高まるんです。M診療所も、ずっと長蛇の列なんです」

「どちらも流行ってるのはよう知ってますけど、市民の税金をつぎ込む、公共性の高いところにどこがいいか……。簡単に言えば、Aクリニック、M診療所だったらいりませんわ」

と、泉の語勢がだんだん強まった。

「両方、いりませんわ。ノーや。ないわ。ノーです。こんなもの。これやったらやめや」

「具体的に言うと医療モールの……」と実務担当者は戸惑う。

「だから、市民にとってプラスではない。いまあるところのものを持ってきても、しょうがないじゃないですか。あんねんから。そこはそこでやらはったらええと思いますよ。それを動かすとか、こんな楽なことやって、仕事してまへんがな。まともな仕事になってませんがな。近くのものをもってきて、全然仕事になってませんよ。論外だ。もう一回やり直してください。ぜんぶ」

「すべてですか」と担当者が聞き返した。

「すべてじゃないが、医療モールについては、これやったら医療モールでないほうがマシ。HとかEとかきたほうがマシですわ。これやったら、全然、楽しとうやん。楽な仕事ですわ。こんなんないわ。サラ金ノーですから。LとLAはだめです。認めません。絶対に認めない。サラ金ビルになんかさせませんから」

「あのー、サラ金のイメージもだいぶん変わってきていると思うんですけど」

「イメージではなくて、悪徳です。あんなもん。わたしが市長である限り、サラ金にはさせません。

失礼します。もう1回、考え直してください」

と、泉は相手の鼻づらでピシャリと戸を閉めるように言い、席を立った。面談室に取り残された喜田と大林組の関係者らは唖然とした。秘密録音は23分57秒で終わっている。

その後、サラ金業者は権利者との協議で転出が決まった。再開発事業を進めるための「地区計画」が策定され、「マージャン屋、パチンコ屋、射的場、勝馬投票券発売所、場外車券売場その他これらに類するもの」の出店が制限される。

テナント問題は一件落着したかにみえた。

ところが、パチスロ業者の転出をめぐって、権利者が喜田と大林組を相手どって、訴訟を起こした。泉は法廷で争ってでもパチスロ業者を転出させるよう喜田に強く促した。

泉とのやりとりを記録した冊子に喜田は、こう書いている。

「再開発地区内にパチスロ店が一軒あり、当初残留希望であったが、その後、権利者より交渉の過程で鉄板焼き店舗に変換の申し出あり。この、申し出に沿ったテナント配置を行った。良好なビルづくり、環境をまもるため『地区計画』を策定」

「再開発組合と権利者とで合意書を交わしたにもかかわらず、『喜田個人、大林組が公安委員会協議を怠ったために業種変換をせざるを得なくなった』と訴えられる。最高裁判決で全面勝訴」

喜田は最高裁まで争って勝ったが、公務員人生の集大成ともいえる再開発事業の余波で被告席に座った心身の負担は相当なものだっただろう。施設棟の名前は一般公募で、「パピオスあかし」と決まった。「パ」はパレス（殿堂）、「ピ」はイタリア語の広場（ピアッツァ）、「オス」はオアシス（やすらぎの場）から取っている。泉は明石らしさがないと難色を示した。開業1年前には水族館の設置を提案したが、建物の構造上不可能とされ、「あかしさかなクンコーナー」に落ち着く。

パピオスあかしは、建設途上でさまざまな紆余曲折があった。大幅なプランの練り直しや、施設のディテールを含めた意見のぶつかり合いが、結果として明石の新名所を誕生させている。ものをつくる過程で衝突は創造のエネルギーをもたらす。

だが、政官業の調和を旨として職務をこなしてきた公務員にすれば、波乱だらけの過程は、プライドをへし折られ、神経をすり減らした日々だったに違いない。市民の信任を受けて剛腕をふるう市長に怨恨を抱く。しかも、市長は、そうした人間の恨みや妬みに関心がなく、ひたすら政策の実行にまい進するのである。小面憎さが募ったとしても不思議ではない。そこに政治的対立が加わり、権力闘争は一段と激化していく……。

2章

秘密録音と暴言報道

暴言報道で市長の辞意表明

昼どきになると、泉は判で押したように市役所2階の食堂に足を運び、きつねうどんを二、三分で平らげる。食堂の南側は全面ガラス張りで、瀬戸内海と淡路島の美しい眺望が広がっているが、泉には見慣れた光景だ。短時間で昼食を切り上げると、ふたたび脳内の中央演算処理装置をフル回転させ、目まぐるしく動き、喋って、懸案を片付けていく。

時代の波を敏感にとらえて新たな施策を次々と打ちだす市長は、じつは昭和の匂いが漂う、どこか不器用な男だった。目標に向かって走り出すともう誰も止められない。

泉は、抵抗勢力との軋轢もエネルギーに変えて、「こどもを核としたまちづくり」を推し進めた。15年に再選されて2期目に入ると「手話言語・障害者コミュニケーション条例」、16年には「障害者配慮条例」「第2子以降の保育料無料」「離婚後の面会交流支援」を確立し、年末に「パピオスあかし」のオープンにこぎつけた。

パピオスあかしに市民図書館や市役所の総合窓口、こども広場が開かれると、駅前にベビーカーがずらりと並んだ。子育て世代が市内各地から集まり、パピオスあかしは、まぎれもなく新しい明石のシンボルとなった。地上から2階に上がる階段は、レインボーカラーに染められ、性的マイノリティー（LGBTQ＋）への支援が表現された。

18年、念願の「中核市」に明石は移行する。中核市になれば、都市の事務権限が強化され、市民に身近な行政サービスを提供できる。たとえば、保健所や保育所、養護老人ホーム、飲食店などの設置にかかわる許認可権を市が持てる。明石市内の小学校区すべてに「子ども食堂」が置かれた。離婚後の一人親家庭に養育費が払われない場合、一時的に市が立替える施策も導入した。

その養育費立替策の審議が行われていた18年秋、泉は不穏な噂を耳にする。

「市長の発言を録音した音声データが出回っているらしいで……」

翌年春には3期目の選挙が控えていたが、泉は気にもとめず、職員にガンガン指示を出し、東京・霞が関の省庁にも足を運んで「全国初」の施策を、次から次へとものにした。

年が明けて19年1月29日、噂が現実のものとなった。

「暴言報道」という爆弾が破裂する。

神戸新聞と読売、毎日などの全国紙が泉の暴言を書き立てた。

読売は、「買収遅れ市長、職員に暴言　兵庫・明石『火をつけてこい』」と見出しを打って、次のようなリード文を載せた。

「兵庫県明石市の泉房穂市長（55）が2017年、市の道路拡幅事業でビルの立ち退きが遅れていたことについて、担当職員らを呼び、『（交渉がまとまっていないビルに）火をつけてこい。燃やしてしまえ』などと暴言を吐いていたことがわかった。市長は読売新聞の取材に発言内容を認め、

『怒りにまかせて言ってしまった。市長の振る舞いとして度を越えていた』と述べた」

「暴言を吐いた」ではなく、職員を怒鳴ってから1年半以上過ぎて、「吐いていたことがわかった」のである。打つ手が当たり、全国に人気が広がりつつあった泉は、突然、奈落の底に突き落とされる。暴言を浴びせた職員に謝罪したが、パワハラの刻印を押された。

問題の道路拡幅工事は、国道二号線の四車線が二車線に狭まるところで交差点を見とおしよく改造しようという公共事業だ。明石市は国の委託を受けて12年度から用地買収に取りかかった。16年12月に完了予定だったが、交差点近くの小さなビル1棟の立ち退き交渉が遅れ、買収は滞る。業を煮やした泉は、17年6月14日、担当の幹部職員と秘書を呼び、買収の遅れを叱責していた。

「立ち退きさせてこい。今日、火をつけて捕まってこい。燃やしてしまえ」「何しとってん。ふざけんな」「燃やしてこい。いまから建物。損害賠償、個人で負え」。泉が〝瞬間湯沸かし器〟のごとくまくしたてる1分38秒間の音声データがメディアに持ち込まれ、暴言報道がなされたのだった。

急きょ、泉は記者会見を開き、「発言はすべて事実。深く反省している」と頭を下げ、「許されない行為なので、わたしが処分を受けるのは当然。（立候補を表明した4月の市長）選挙が迫ってきている状況なので、一連のことも含めて、明石市民にご判断をいただきたい」と唇をかみしめる。

言葉の端々に無念さがにじんでいた。

明石市によれば、暴言が報じられた1月29日、市役所に「暴力団のような発言だ」といった批判が電話やメール、ファクスなどで337件届き、市長を擁護する声は31件だった。ただ、神戸新聞が、市長と買収担当職員との1時間6分33秒の会議の全音声があると報じ、暴言の「前後」がメディアで紹介されると市民の反応は一変した。

泉が辞意を表明した2月1日、市役所に寄せられた市民からの批判は56件、擁護が341件と大きく逆転している。泉は意味もなくブチ切れたわけではなかった。

全録音の音声はこう続く。

「おまえら全員で通って取ってこい、ハンコ。おまえら自腹切ってハンコ押してもらえ。とにかくハンコついてもらってこい。とにかく今月中に頭下げて説得してハンついてもうてください。あと1軒だけです。ここは人が死にました。角で女性が死んで、それがきっかけでこの事業は進んでいます。そんななかでぜひご協力いただきたい、と。ほんまに何のためにやっとる工事や、安全対策でしょ。あっこの角で人が巻き込まれて死んだわけでしょ。だから拡幅するんでしょ。（担当者の）2人が行って難しければ、わたしが行きますけど。わたしが行って土下座でもしますわ。市民の安全のためやろ、腹立ってんのは。何を仕事してんねん。しんどい仕事やから尊い、相手がややこしいから美しいんですよ。後回しにしてどないすんねん、一番しんどい仕事からせえよ。市民の安全のためやないか。言いたいのはそれや。そのためにしんどい仕事するんや、役所は……」

冷静に語れば通じる話だった。泉の主張に理がある。しかしながら、怒鳴り散らし、職員を罵倒した事実は消せない。昭和の古い体質では済ませられないのだ。パワハラで人を追い込むのは罪悪だ。上司のパワハラで命を絶った部下もいる。

2月18日、泉は後援者たちに直接、語りかける会を催し、「一生かけても償いきれない過ちを犯したのがほんとうに申し訳なく」と頭を下げた。市長選には「出られません」と辞意を再度、口にした。

動き出した子育てママたち

ところが、である。想像もしていなかった事態が生じる。

寒風吹きすさぶ明石駅前に、幼子を育てる三人の母親たちが立ち並んだ。「明石前市長 泉房穂さんに市長選立候補を要請する署名」と表示板をぶら下げ、活動を始めた。SNSで知り合った母親たちは、最初はネット上で電子署名を集めたが、思うように数が増えず、「リアルで街頭演説やるしかない」「時間があるので動けます」「エイエイオーッ」とメールを交わして、街頭に出たのである。

泉本人はもちろん、選挙を支える朝比奈も、他の後援者たちもまったく寝耳に水の出来事だった。政治に縁のなかった若い母親たちが、暴言は許されないけれど、「政策を引き続き実行し、さらに市民にとってやさしいまちづくりをすすめていただきたく、3月17日の市長選挙への立候補を要請します」と泉宛の要望書を読み上げる。

真冬の冷たい風が、署名用の要望書をめくりあげて吹き抜ける。署名に協力してくれる人もいれば、「そんな活動やめたほうがいいよ」と面と向かって言う人もいる。脅しめいた雑言も浴びせられる。怖さに震えながら、ときには子どもを抱えて道行く人に声をかけた。「立候補が無理でも、せめて、ありがとうだけは伝えたい」と切々と訴えた。

そうして約5000筆の署名が集まった。

市長選告示の1週間前、「泉市政の継続を求める会 総決起集会」が開かれ、子どもを抱いた母親たちが集めた署名を持ってきた。司会に招かれて壇上に上がり、署名の束を差し出そうとしたら、泉は椅子に座ったまま泣き崩れて立ち上がれなかった。隣の後援会長の柴田に手で「行ってくれ、行ってくれ」と合図をする。柴田が立ち上がって泉の代わりに署名を受け取った。

市民に背中を押された泉は、出直し市長選挙への出馬に踏み切った

「空気」がガラっと変わる。

3月10日、市長選が告示された。対立候補は、兵庫県会議員で、泉の前の市長、北口寛人だ。北口は、2010年に「明石淡路フェリー」との不透明な関係が問題視され、市長の座を追われている。共産党の女性候補も立ったが、事実上、泉と北口の一騎打ちだった。

選挙の結果は、……泉の圧勝であった。泉の得票数8万795票に対し、北口2万6580票。

じつに全投票数の70％以上を泉が獲得し、市政の継続を託された。30代の投票者ではなんと9割が泉に入れている。ひと月後の統一地方選は他の候補の出馬がなく、無投票で3期目に入った。もしも若い母親たちの署名活動がなければ、泉の立候補は見送られていたかもしれない。市民が神風を吹かせた。

選挙が終わり、母親たちは、もとの生活に戻っていった。子育てに追われて一市民として暮らしている。のちにわかったのだが、母親の一人は、十代のころ、弁護士だった泉に助けられていた。母子家庭で育った彼女は、母親が再婚した相手のドメスティック・バイオレンスに苦しめられ、死をも頭をよぎった。そこに泉が手を差しのべ、危険を顧みず、裁判所や警察と連係して暴力的な男性を引き離したという。安全に暮らせる環境が整えられ、成長して母となった。守ってくれた泉を、こんどは守り抜いたのだった。

暴言はなぜ1年半後に報道されたのか

それにしても、暴言は「許されない」とはいえ、1年半以上も前の発言がなぜ、メディアで報じられたのか。面罵された本人、市の技術担当理事の福田成男がふり返る。

「あの場には市長と私と秘書の三人がいました。（叱責されても）全然、カチンときていません。市長は思いがすごいですから。長い話をしていたなかでの一部。わしが行って、土下座でも何でも、と。そこまでしてもらわなくても、われわれがやります、と言うて。そのあと、3か月ほどで、立ち退きのハンコもらいましたよ。相手さんも遺産分割とか、いろんな問題。そうそう。ご主人が亡くなって、奥さんと子どもさんが分割協議をするのに税金対策、相続税どうするとか。店子がややこしかったりとか。でも、話がついて更地にできました。もう忘れてました。そこに、あの報道ですから、驚きました」

当事者が気にしていないやりとりが、どうして、選挙前のタイミングで表に出たのか。

駅前再開発をリードした喜田耕史は、録音とメディア報道を知るキーパーソンの一人だ。

「あれ、私も関係者のひとりですわ」と喜田はあっけらかんと証言した。

「あそこは車も多くなって、近畿の（危険な交差点）ワースト5ぐらいに入ったんです。当時、民主党政権だったにもかかわらず、近畿圏整（近畿圏整備法）の部長さん（国交省近畿地方整備局）と話をして、全国で3か所か、5か所の改良地に取り入れてくれた。国がお金を出して、市が委託を受けて、拡幅や、安全面の整備をする。それは、私が言い出したことやし、（退職後も）優秀なメンバーを（市の担当に）残して、折にふれて顔を出して、いまどうなん、たとえば、40軒のうち10軒は話つきましたわとか、ここはまだあかんでとか。それならこっちでできることとするからとか……」

つまり、退職後も喜田はＯＢとして職員と密接に関係を持っていた。

「で、その後、どうやったと聞いたとき、家焼けとか、お前らで家を囲んでとか、金払うてなんやとか、つかまってこいとか、そんなん（泉が）言うたと。ほんまに言うたんと聞いたら、言いました、と。それ音源あるんか。あります。よかったら預かっとくから、で、僕、フルバージョン（1時間6分33秒の全録音）預かった。これは許されんことやから、しかるべき時に公にしようと思った。で、神戸新聞とNHKに（音源を）渡して。ただその（公にする）時期が選挙前だと選挙妨害になるから、両方から、いまでないと厳しいですけど、どうですか、と。僕のテープと違うので、所有者（音源を提供した職員）に確認をしたら、いや、もうやめてください、ということやった。それでやめた。その二人（神戸新聞とNHK）は絶対に出すことはない」

では、誰が、暴言部分だけ切り取った音源を選挙が差し迫ってメディアに流したのか。喜田は、ある政治家の名前をあげて、その一派が「ボーンと流した」と語る。政治家本人が、パピオスあかし管理組合法人の事務所に訪ねてきて、音源を「出してください」「出せるわけない」と断ったという。「あとから聞いたら、何人かが（音源を）持っとったみたいです」と喜田は話した。結局、裏のとれない話ではあるが、敵対勢力のなりふりかまわぬ泉追い落とし策だった。

「前例主義」と「過去問」対策の愚

3期目をスタートさせた泉は、児童相談所の新設、おむつ無料定期便、中学校の給食費無料化や在宅介護支援金支給と、矢つぎ早に施策をくりだす。そこに新型コロナウイルス感染症が襲いかかった。緊急時こそ、政治のリーダーシップが問われる。

2020年4月初旬、明石市内でも感染が発生した。安倍晋三首相（当時）が「緊急事態宣言」を発出し、不要不急の外出や県外への移動の自粛が要請された4月7日、泉は記者会見を開いて、学校の休校とともに、ひとり親家庭に市独自の児童扶養手当への上乗せ支給を行うことを発表した。街から人影が消えて経済活動が一気に落ち込み、生活苦が人びとの肩にのしかかる。自粛と引き換えに迅速な生活支援が政治に求められた。

泉は、国の補償策が具体化しないのを横目に街に飛び出した。中央省庁の官僚は、前例という「過去問」を解いて対策を立てたがる。しかし現在進行形の苦難に過去問はない。過去問を探している間に人が死ぬ。いま、ここで何が起きているのか。現場に出て市民の姿を見て、生の声を聞き取り、実態をつかまなくては答えなど見つからない。

閑散とした「魚の棚」商店街のある店の主人が、泉に苦衷を漏らした。

「お客さんがこないから、いまは夫婦だけでやってます。パートさんには休んでもろた。人件費は払わんでええけど、家賃が大変ですわ。3月分は滞納で、4月分が払えんかったら店をたたまなあかん」。さらに店の主は沈んだ声で「パート」の境遇を語った。

「うちで働いてもらってるパートさんな、ひとり親家庭なんです。収入断たれたら、生活できん。

市長さん、店はもうええ。そやけど、せめて、ひとり親家庭は助けてやってや」

思わず、「お店も、ひとり親家庭も、両方助けます」と泉は答えた。

「いつまでにお金が必要ですか」と聞く。

「月末の締め日、4月24日です」

「なんとかします」と泉は答え、他の店からも悲鳴を聞き取った。市役所に戻って関係部局の幹部職員を集め、緊急支援策をまとめる。緊急対策はスピードが最優先だ。4月16日、国が支援策を決めかねている状況で、泉は「3つの緊急支援策」を発表した。

1　個人商店（家賃月50万円以下の小規模店舗）に、すぐに無利子・無担保で100万円貸し付ける。来週中に賃料2か月分を緊急支援。

2　ひとり親家庭に、さらに5万円。5月分の児童扶養手当に上乗せ（約10万円支給）。

3　生活にお困りの方に、10万円先行支給。生活福祉資金利用者への追加支援。

泉は、個人商店も3月、4月の2か月分の家賃さえ工面できれば、5月には国の支援を得られると読み切っていた。対応の遅れが目立った兵庫県知事の井戸敏三に、「センチュリーに乗っても人は死なないが、コロナで人は死ぬんです」と言い放ち、自民党議員が「度を越している」と眉間にしわを寄せる。泉の毒舌は、相手が誰であろうが変わらない。首相や大臣でも、間違っていると思えば、平気で批判した。

明石市は、飲食や買い物、タクシー利用に使える「サポート券」を認知症の人がいる家庭に3万円、高齢者・障害者には1万円、生活要支援者に5000円分配った。学費の支払いに困っている大学生らには学校と直接交渉して緊急貸付で100万円まで振り込む。高校進学の奨学金（入学準備金30万・在学時支援金3年36万円）制度も発足させた。サポート券は期限付きなので必ず、市中で使われ、地域にお金が回る。

市議会も、緊急時とあって全会一致で補正予算を通した。通常なら閉会している7月にも臨時議会を開き、立て続けに施策を打つための審議を重ねた。

明石が迅速に動けたのは、財源に余裕があったからだ。自主財源としては、泉が市長就任後、やりくりして積み増した財政基金がものをいった。1995年に174億円あった基金は2011年には70億円に減っていたが、工夫を重ねてコロナ前には115億円まで盛り返している。「積み増した45億円は取り崩してもかまわない」と泉は腹をすえ、国をあてにせず、先行して支援策を実行した。だからスピーディに施策を実施できたのだ。コロナ禍でも財政基金は減らず、21年には121億円まで増えている。

コロナ禍の非日常的な苦難が、泉と議会の距離を縮めたかのように見えた。が、しかし、多数を占める自公の議員は爪を研いでいた。隙あらば、泉の首をとろうと狙っていたのである。

議会の多数派と泉の対立は初当選したころにまでさかのぼる。最初の予算案は議会で否決され、泉が「議員定数削減」の条例化を通告すると、反発した議会は全会一致で「市長に議会軽視の反省を求める決議」を可決。痛烈な意趣返しで応じた。泉が議員候補者の一定割合を女性が占める「クォーター条例案」を提案すると、委員会も開かれず、否決される。ことあるごとに議会と泉はバトルをくりひろげてきた。

明石市議会の構成は定員30（欠員1）、議長と副議長を除いて自民系13人、公明系6人、泉支持派10人。公明系がどちらにつくかで議決が左右される議案もあった。

21年夏、多数派議員との関係が修復不能に陥った。「市民全員・飲食店サポート事業」にかかわる補正予算の審査がきっかけだった。5千円のサポート券を全市民に配布して、経営が悪化した事業者を支える案は、もともと公明党会派が提案したものだった。自民党「真誠会」の幹事長も加わって調整が進んだ。

調整が終わったと報告された泉は「（補正予算案の可決に向けて）自公は大丈夫か」と副市長に念を押す。「大丈夫です」と返答があった。すでに3回のサポート券事業で市民にしくみも浸透している。事業者の悲鳴が日に日に高まっており、サポート券事業の実施は待ったなし、と泉は断じて、約17億円の補正予算案を臨時議会に提出したのである。

間違いなく可決と思いきや、当選4期の自民議員、千住啓介らが策動して形勢が変わる。千住は明石市出身の西村康稔・経済産業大臣に近く、元市長で兵庫県議の北口寛人とも親しい。自民党市議の真誠会の中心人物だ。

8月11日の臨時議会で、千住は質問に立ち、サポート券を「ゆうパック」で市民一人ずつに配布する方法にかみついた。

「各個人に郵送すると、郵便料に1億5100万円を使うことになっているが、世帯単位で郵送すれば経費は抑えられる。市民全員30万人に配る事業は泉市長の人気取り、ばらまきである。税金を有効に使ってほしい。納税者が納得できる理由を聞かせてほしい」

泉はこう切り返した

「過去3回のサポート券事業は大変好評だったが、残念ながら（サポート券の）盗難という、あってはならないことがくり返された。郵便ポストから抜かれている。再度くり返すわけにはいかない。配達して対象者に直接お渡しいただく。一定の費用負担が必要だが、財源の裏づけがあるのでこのような対応にした」と泉は切り返す。

「今回のサポート券事業は、福祉的なものか、給付なのか」と千住が問う。

「その両方だ」。

千住は国からの交付税交付金に論点を移し、土木業界をおもんぱかって問うた。

「人口増で約10億円、国からの交付税が増えてくる。人が増えれば経費がかかるから国は交付税を出す。田んぼのまんなかに住宅地ができれば、あぜ道を車や人が通る、通学路になる。交付税は、こういうところに充てなさいという名目だ。緊急対策で使うのは、少し違うのではないか。人口増によるハード整備に充てる必要がある」

「ハード整備についても、山手環状線や江井松線なども含めて対応している。しっかり予算は充てている。人口が増えても道路の距離が増えるわけではない。必要なものは予算を組んで終わっている。人口増にともなう（国からの）お金については、自由度が高く、使えるお金だと感謝している」

千住はしきりに論点を変えて攻め込もうとするが、泉は動じず、はね返した。議場での質疑は平行線のまま終わり、他の市議からは「経費をもっと抑えられないか」と批判が相次いだ。そして、議案は「継続審査」とされた。

このままでは8月は議会が開かれないので、9月までサポート券は棚ざらしになる。

「嫌がらせ」の引き延ばしと泉は受けとめ、首長の伝家の宝刀、「専決処分」を実行した。

専決処分とは、本来は議会の議決・決定を経なければならないことを首長が地方自治法に基づいて自ら処理することをさす。コロナ禍の緊急事態で、衛生用品の購入や、経済対策のための専決処分が各地の自治体で行われていたが、市議会と市長の調整に悩まされていた副市長は、「そんなことをしたら、議会との関係は終わってしまいます。考え直してください」と泉の袖にすがりつくように希う。

「終わってもかめへん。これ以上、何をやっても、嫌がらせをされるだけや。市民は生活に困って溺れかけている。早く、浮き輪を投げなあかん。かまへん、専決処分。即決や」

このとき、泉の脳裏に「3期12年でひと区切り」という想念が浮かんだ。泉が振り返る。

「5000円サポート券事業の専決処分で、議会との関係は終わったと思いました。ここまできたら、何をしても議会の嫌がらせで、持ちこたえられそうにない。ここで譲り始めたら、あれもこれも大変なことになる。だったら、市民、事業者が溺れかけているんだから、見逃せない。伝家の宝刀を抜こうと決めました。市長の権利ですからね。あの瞬間は3期12年で終わりかなと思ってたんやね。ふつうの人は、そこで歩み寄ったり、手打ちするのかもしれませんが、市民が割を食う。わたしは市民の代表、譲りません。相手は憎いでしょうね。憎まれても仕方ないかなぁ。だから泉コンチクショウで、その後は排斥のネタが続くんですが、3期12年が頭をよぎりました」

心残りだった1つの議案

議会との関係は終わったと観念した泉だが、一つだけ、後ろ髪を引かれる議案があった。「優生保護法被害者の支援条例案」を可決、成立させることだった。

泉の四つ下の弟は、障害を背負って生まれてきた。当時、「優生上の見地から、不良な子孫の出生を防止するとともに、母性の生命・健康を保護すること」が目的の優生保護法による非道な措置がまかり通っていた。

両親は、医師から弟を「見殺し」にするよう迫られたが、断って家に連れて帰り、そこから泉家の世間との格闘が始まった。詳しくは後章に記すが、泉の精神的背骨は優生思想的な差別への「怒り」でできている。

東京大学に入学し、初めて参加したデモが優生保護法反対を訴えるものだった。優生保護法下、障害のある人たちは不妊手術や人工妊娠中絶を強制されていた。

市長に就任後、不当な被害に苦しむ人たちに市が支援金300万円を支給する条例案をつくる。21年9月、市議会に条例案を出した。賛成9名、反対12名、公明会派は賛否を明らかにせず、否決された。

それならば、と議会で指摘された内容を修正して再提案したが、自民会派主体の多数派が反対し、「上程見送り」で審議すらされなかった。門前払いである。公明党は、福祉関係者だけでなく、幅広い市民、つまり商工会議所や商店街連合会など事業者団体の意見も聞け、と揺さぶる。事業者団体は賛成しないと予想しての提案のようだった。

そこで、泉は医師会を含む10団体に声をかけ、意見を求めた。すると、自公が杖とも柱とも頼む事業者団体が、驚くことに全会一致で賛成に回った。反対はゼロだった。商工会議所だけが唯一、態度を示さなかったものの泉は感激した。明石は産業系の団体までが弱者救済の条例に賛成してくれる街になったのか、と……。

3回目の提出を泉は試みた。公明党はそっぽを向く。手詰まり感が漂うなか、障害者団体の代表が泉に会いにきた。「市長さん、動かないでください。市長が動いたら、よけいややこしいことになります。ここは私らに任せて」と制止される。

多数の障害者団体が連合軍を組んで、公明党へ交渉に行った。明石のオール障害者団体が公明党にプレッシャーをかける。選挙を考えれば、公明党も障害者団体を敵に回したくはない。公明会派の議員たちは反泉の怨恨をひとまず腹におさめ、賛成に転じたのである。

12月21日、3度目の正直で、賛成16名、反対12名で「旧優生保護法被害者等の尊厳回復及び支援に関する条例」は成立した。泉は「市民が勝ち取った条例だ。この日がきたことを皆さんとともに喜びあいたい」と涙をぽろぽろ流した。市長に就任して10年、冷ややかで衰退していた明石が、やっと「やさしいまち」に生まれ変わりつつある、諦めかけていた条例が市民の力で通った……と、感無量で涙があふれた。

泉は、封印していたツイッターを始めた。「やさしい社会」を明石から始めて、ようやくここまできた。次はやさしい社会を全国に広げようと、スマホのツイッター機能を指でおす。瞬く間にフォロワーは、10万、20万……と増えていった。

ツイッターのチョンボを突かれる

しかし、市議会の自公議員は、泉憎しで団結し、大手企業の支持を背に挑戦状をたたきつける。

12月22日、自民党真誠会と公明党は、商工会議所の請願を受けて「工場緑地面積率引き下げ条例案」を議員立法で提出し、可決した。

折しも市側は有識者による「明石市工場緑地のあり方検討会」の6回の議論が大詰めにさしかかっていた。企業が工場の緑地減少に見合う緑地を工場外に確保し、地域と協定を結ぶことなどを定めた条例案を翌年3月議会に出す準備を進めていた。その行く手をふさぐように議会は市の案を覆す条例が可決させたのだ。

「こんな非合理な議員立法で味をしめさせたら、今後、何をしでかすかわからん。止めなあかん。簡単には通さん」と泉は反撃に移る。

年が明けた22年1月7日、泉は、議会にもう一度、審議と議決をやり直すよう「再議」を突きつける。再議でも過半数の賛成で条例が可決した。すると泉は「市議会の議決は違法」と兵庫県知事に審査を申し立てる。知事は中立てを棄却した。「行政手続きとしての県の判断」を泉は尊重し、条例を公布したが、簡単に通さない前例をこしらえる。

自公議員と泉の激闘は、乱打戦の様相を帯びてきた。

2月12日、泉は、明石市に工場を置く川崎重工の2014〜21年度の「法人市民税」の税額が記された資料の写真をツイッターに投稿し、法人税割の「0」に色付けして次のようにつぶやいた。

「明石市における『工場緑地』の議論は、『川崎重工』の増築計画を契機に始まったが、先日（2月7日）担当役員に確認すると、計画はなくなり、今は急いでないとのこと。その際『法人税割』が『5年連続ゼロ』の理由も尋ねた。「赤字決算なので」との回答だったが、ゼロってなんだかなぁ」

一部上場企業が節税と称して法人税を低く抑えたり、払わないことは珍しくない。公開された情報を調べれば納税状況はわかる。

ただ、泉は市長という立場だ。地方税法22条は「地方税の徴収に関する事務に従事している者又は従事していた者は、これらの事務に関して知り得た秘密を漏らし、又は窃用した場合においては、二年以下の懲役又は百万円以下の罰金」と定めている。10日後にツィートは削除されたが、自民党真誠会はここが攻めどころと、突っ込んできた。

真誠会の千住議員は、3月4日の市議会で問い質した。

「徴税吏員は秘密を漏えいしたり、窃用したらあかんという法律がある。職務上知り得た情報を税務事務以外に窃用し、また、（泉の）ツイッター11万人（フォロワー）いますけども、見ようと思ったら全世界に発信できますので、地方税法22条の違反になるんじゃないか。市長の見解をお聞かせください」

「私自身は、市長としての仕事の透明性の確保や、また、工場緑地を考える際に企業の明石市への貢献度などについても情報提供すべきとの考えから、ツイートをした経緯でございます。もっとも、議員御指摘のとおり、税の情報は大変慎重な取扱いを要するテーマですので、ツイートを削除した。以後、気をつけたい」と泉は低姿勢で答えた。

「ツイートとこの資料。A株式会社（川崎重工）の課税額について、法人市民税、事業所税と。エクセルできれいに書かれていました。この書類を何の目的で、誰の指示で、誰が作成したのか。A社の許可は得たのか。この4点お答えください」

「市長に就任した11年前も、A社に赴く機会があり、同様の資料の作成をしていただいた。そのときも法人税割はゼロ。以来、明石市内に拠点を構える大きな有名な企業なのに、どうして明石市に法人税割を払わないのかと議論をしてきた。いっとき、一定額、法人税割をお支払い頂いたが、またゼロに。聞くところでは、神戸市に払っているという。事情があるのだろうが、明石市にも御貢献願いたいとお願いをしてきた。その状況を確認すべく、私が指示をして、どういった状況かを作成をしていただきました」

「税を納めてないから納めてよ、頑張ってよとの資料だということですけど、それを出すのは駄目だと思うんですけど、いいんですかね」と千住が食い下がる。

「政策判断でよく議論されるが、大きな企業が市内にあると市の税収が増えていると言われるが、そうではなくて、大きな企業が存在しても、ほとんど税金を払っていない事実があるならば、政策判断を伴ってくる。大きな公性のあるテーマだと思っている。目的の公性とか、国民の知る権利との兼合いで、総合的に判断すべきテーマです。いずれにしても税情報は慎重な取扱いを必要とするのは間違いないので、市長として、ツイートは削除をし、より慎重な取扱いをしていきたい」

「公の大きい会社だからとかいう話じゃない。A社の許可は得たんですか」

「ツイートを上げるときに、それぞれの情報について、それぞれから許可を得ているわけではない。今回も許可は得ていない。ただ、この間、かなり何度も情報をやり取りしたので、行政の透明性の観点からツイートをしました。税務情報は大変慎重な取扱いを必要とするテーマなので、ツイートは削除し……」。

質疑は続いたが、ここまでで論点は出つくしている。千住は、ツイートについて、誰が、何のために資料をつくったのか、川崎重工の許可を得たのか、と泉の情報発信の「手段」に執着し、責め立てる。かたや泉は、税情報は慎重な取り扱いが必要と認めたうえで、ツイートしたのは大企業が法人税を払わない事実を公の政策判断を伴うテーマととらえ、国民の知る権利にも通じるからだと、その「目的」を語って防御を固めた。

ふり返れば、自公議員の攻撃のほとんどが、道路拡幅事業での暴言にしろ、5000円サポート券事業の専決処分、工場緑地面積率引き下げ条例への再議にしろ、泉のとった手段を標的にしたものだ。その奥にある目的を攻略できていない。というか、施策の目的については泉に分があるように感じられる。

事実、泉に「ゼロってなんだかなぁ」とつぶやかれた川崎重工は抗議らしき抗議もせず、沈黙したままだ。「ゼロ」の背景をほじくり返され、大企業の責任を追及されるほうが嫌なのかもしれない。

ちなみに経団連に集う大企業で法人税を払っていない会社はいくつもある。18年3月期に売上高約9兆1587億円、純利益1兆390億円を達成したソフトバンクグループは、実質的な法人税が「0円」だった。ふつうに考えれば、1000億円レベルの法人税が予想されるが、約3兆3000億円を投じて買収した海外企業の株式の一部をグループ内に移管したことで、税務上は1兆4000億円の「欠損金」が生じたとみなされ、赤字。過去最高益を叩き出したにもかかわらず、法人税は0円としているのだ。

大企業はグループ内で資金を回したり、株式を持ち合ったりして法人税を抑える。トヨタ自動車が2009年から13年まで5年間法人税を納めていなかったこともよく知られている。豊田章夫社長（当時）自身が14年の記者会見で「一番うれしいのは納税できること。社長になってから国内では税金を払っていなかった」認め、多くの人があきれ返った。

節税の方法はいろいろあり、税法上は法人税を払わなくても済むのだろう。だが、第二次安倍政権の8年間に消費税は5％から8％、10％へ。医療保険や介護保険の保険料は引き上げられ、国民負担率は50％ちかくに高まっている。肝心の給料は、バブル崩壊後の30年間、まったく上がらず、国民ひとり一人に負担が押しつけられている……。

はたして、これでいいのか。内部留保をためている大企業には、租税の大原則の「応能負担」で税金を払う責任があるのではないか。「いまだけ、カネだけ、自分だけ」で目先をごまかすようなやり方は、大企業にはふさわしくないのではないか。

「ゼロってなんだかなぁ」のつぶやきからは、そんな問題意識も読み取れる。

しかし、明石政界の中心に座る自民党真誠会は攻撃の手を緩めず、市議会に事実関係を調査する「百条委員会」が設置される。百条委員会でも、同じような質疑が行われ、報告書がまとめられた。

「目的の公益性について、投稿の経緯となった企業との面談内容を広く伝えることが、市民、国民の知る権利に寄与することを論拠としているが、そもそも面談の内容を伝える必要性がどれだけあったのかが明確にされていない」

「広く社会一般の利益に関わる目的を見出すことはできなかった」

と、報告書は批判的に述べ、「法人市民税の税額をツイッターに投稿したことについては、地方税法第22条の秘密の漏えいに当たる疑いが強い」と結論づけた。

そうして、千住啓介ら市議15人を含む33人が泉を地方税法違反容疑で神戸地検に刑事告発した。千住は神戸新聞の取材に「自分とは違う考えの企業に対して、自分の権限を使って（課税額の情報を）公開してしまうことは民主主義を冒とくする行為だ」と語っている。

5000円クーポン事業の専決処分、工場の緑地化率引き下げ条例への再議、川崎重工の課税に関するツィートと、問責決議の理由とされる3点セットがそろった。

政府に「子ども庁」を仕掛ける

多数派市議と真正面からぶつかりながら、泉の「やさしい社会」を全国に広げる活動は加速した。6月7日には、参議院内閣委員会に「子ども家庭庁設置に伴う参考人」として招かれ、意見を述べた。

「長らく日本は少子化の加速や、経済の停滞と言われておりますが、その原因のひとつは、やはり、私たちの社会が子どもに冷たすぎるのではないかと思えてなりません」と切り出し、明石の取り組みを紹介して、こう締めくくる。

「子どもを応援すれば、みんな幸せなんです。子どもや子どもの親だけじゃないんです。お年を召した方や幅広いみんなにとって。そして私たちの社会にとって、いいことなんだという発想の転換をぜひ、お願いしたい」

泉の国会陳述には伏線が張られていた。場面は安倍晋三元首相が職を辞し、菅義偉が新首相に就任した20年秋に戻る。最高権力者の座についた菅は、「1年でデジタル庁をつくる」とぶち上げた。日本は行政のデジタル化が遅れ、中央省庁と地方のシステムもばらばらだ。国全体のデジタル化を看板政策に掲げたのだが、泉は「国民にはウケない。デジタル化で政権浮揚はありえない。菅首相と官邸は、焦って新たなネタをほしがるはずだ」と直感した。このあたりの感受力は非凡なものがある。

泉は、自民党で子ども政策に関心を持つ旧知の参議院議員・自見英子や、山田太郎たちに「子ども庁」の設置を刷り込んだ。「いまネタを振ったら、（首相は）食いつきまっせ」と。自見と山田は「そうかなぁ」と首を傾げながらも「Children First の子ども行政のあり方勉強会」を発足させる。21年2月2日、泉は、その第1回勉強会の講師に招かれ、「こども施策を世の光に　今こそ発想の転換を」と語る。

泉の「仕込み」は効果てきめんだった。4月1日、菅は、自民党の二階俊博幹事長（当時）に「子ども庁」の創設に向けて総裁直轄の党内機関を設け、詳しい制度設計を進めるよう指示をした。ここから子ども庁の本格的な議論が始まり、保守的な家族観をとり込みつつ、「子ども家庭庁」の青写真が描かれる。泉の参議院での陳述は、子ども庁の設置への進軍ラッパだったのである。

2回目の暴言が飛び出すまで

「5つの無料化（高校生までの医療費・第2子以降の保育料・ゼロ歳児のおむつ宅配・中学校の給食費・公共の遊び場料金）」は明石市の代名詞となり、人口は10年連続で増える。

出生率が「1・70」に高まり、食料品や生活必需品の消費量が急増した。閑古鳥が鳴いていた商店街が賑わいを取り戻す。市税収入も8年連続で上昇した。

自治体が子どもを大切にして、子育て中の親に寄り添えば街は潤う。子どもを中心に地域の歯車が良い方に回りだす。その好循環を追い風に離婚した家庭の養育費の立替払い、高齢者や障害者への行政的配慮、性的マイノリティーへのサポートと「やさしい社会」を築く具体策を連ねた。泉のツイッターのフォロワー数は、20万、30万……とみるみる増え、好循環の影響は近隣の自治体にも及ぶ。医療費の無料化が周辺の市町村に広がった。

だが、子ども政策の普遍的な価値が全国レベルで見直されるのとは裏腹に、地元では泉追い落とし裏工作が過熱する。

泉は殺害予告を受けた。一期目に公共事業を削ると「殺す」「天誅下る」と書かれた手紙が自宅のポストに投げ込まれ、動物の死骸や汚物を玄関前に置かれたが、22年7月、安倍元首相が銃撃されて亡くなった後、脅迫はエスカレートした。

「8月末までに市長を辞任しなければ殺す」

「(泉は)飲酒運転や当て逃げ、あおり運転をやる犯罪者だ。大人しく辞職しろ。さっさと辞職しないとこっちも強硬手段にでる。(安倍元首相を殺害した)山上徹也を参考にして自作銃を作った。こいつで頭や胸を何発も撃って殺す」

と、書いたメールが届く。11月までに100通以上の脅迫メールが送られてくる。泉は不特定多数の人が集まる場への出席ができず、公務に支障をきたした。警察に被害届を出し、自宅の周りに監視カメラが取り付けられ、パトロールも強化される。が、犯人の捜査ははかどらない。家族の身が案じられ、恐怖にとりつかれた。兵庫県警が職務強要容疑で神奈川県横浜市の22歳の男を逮捕するのは、23年2月下旬まで待たねばならなかった。

男は、22年8月20日に自宅でパソコンを使って山口県山口市のウェブサイトの問い合わせフォームに「泉房穂が辞任しなければ登下校中の小中学生をスタンガンで気絶させて誘拐し、爆弾をくくりつけて市長室に特攻させる」などと書き込み、返信用アドレス欄に明石市のメールアドレスを記入。自動返信機能で受信させて泉を脅迫した疑いで逮捕された。ただ、横浜の22歳の男は、少なくとも4~5人はいるとみられる脅迫メール送信者の一人にすぎず、23年3月時点で全容解明には至っていない。

多数派市議には地方税法違反容疑で刑事告発され、得体のしれない人物からは毎日のように脅迫メールが送られてくる。そこに3点セットの問責決議案が具体化し、自公議員らが虎視眈々と提案のタイミングを計っていた。

そうした状況で、母校、市立二見小学校の創立150年記念式典に足を運び、元市議とのささいなやりとりから、「11年半積もりに積もった怒り」に火がつく。自民の市議会議長と、公明党の女性市議に「問責なんて出しやがって。ふざけているのか。選挙で落としてやる」「問責決議案に賛成したら許さんからな」と泉は激昂したのだった。

「3期12年でひと区切り」という思いは胸の奥にあった。もはや市政でやれることはやった。あとはこの好循環をどう次の世代に継承していくか。

10月12日、市議会で問責決議が可決した後、泉は政治家引退を宣言して記者会見に臨んだ。カメラの放列の前で、憑き物がおちたようにサバサバしていた。

「市長としてはあるまじき行為でした。要は私のキャラクターの問題。退いて心ある政治家をつくっていくことに今後の人生をかけたい。明石でやったことを全国で広げていきたい。心ある政策が通るように国政にも働きかけていきたい」と語りかける。

議会と対立するなかで「引退」を考えたことはあったか、と問われ、泉は答えた。

「市長になった当初、他の市長らから3期12年でできないことは、4期、5期あってもできない、と聞いていたので、市長というのは10年ぐらいだろうと考えていた。（2021年の）兵庫県知事選も、声がかかったときに迷ったのが正直なところ。ただ、4年前の暴言があって戻ってきた身としては、いきなりいなくなるわけにはいかない。今の明石市政をいかに引き継ぐかと考えていたので、3期12年の区切りはすっきりしています」

暴言がきっかけで踏ん切りがついたのかと質された泉は、淡々とこう述べた。

「わざとやったわけではありませんが、結果としてやり残した感はない。私がいなくなった後に破綻するようにはしたくなかった。たとえば、小中学校の給食は、中学校だけ無料にしています。小学校も無料にすると、後の市長の首を絞めると思いました。『やさしい社会を明石から』と言い続けて、明石から始める、というのは3期でできました。明石から広げる、というのをこれからやっていきたい」

有権者の2割の投票で多数派支配

昨今の政治家の中で、泉は「異能」の先導者だ。中央政界の与党も野党も、世襲や秘書上がり、課長補佐レベルで霞が関に見切りをつけた者や、政治塾出身の実社会の経験が乏しい議員が集まっている。彼らは永田町のパワーバランスとマスメディアばかり気にして政策が国民のニーズとずれていることに気がつかない。

その点、泉は、ガラッパチで言葉は荒いが、社会の荒波にもまれ、地べたに近い感覚で政治に向き合ってきた。いまどき稀有な政治家だ。人間の集団がともに生きていくための本質的なテーマを全身でつかんでいる。

泉の子育て政策は、昨日今日、思いついたものではない。彼が青年期に大きな影響を受けた思想家にフランスの哲学者、ジャン・ジャック・ルソーがいる。ルソーは、まだ欧州でも家父長の権限が強く、子どもが親の所有物とみなされ、間引き、子殺し、子捨てが横行し、子どもを単なる労働力とみていた時代に近代的な人権思想の扉を開いた。

ルソーは、１７６2年に著した『エミール』でこう述べている。

「人は子どもというものを知らない。子どもについて間違った観念をもっている」

「人は子どもの状態を哀れむ。人間がはじめ子どもでなかったなら、人間はとうの昔に滅びてしまっていたにちがいないということがわからないのだ」

「生き始めると同時に学び始める。このとき教育もまた始まるのだ」

家父長的な子どもへの支配をルソーは批判し、子どもの可能性が教育、学びで広がると透視した。だから「子どもを不幸にする一番確実な方法は、いつでもなんでも手に入れられるようにしてやることだ」とも指摘している。

現代の日本は、『エミール』が書かれた２６０年前に比べれば、科学技術は格段に進歩して、人の寿命も延びた。しかし、子ども政策に財源を投入できず、少子化の宿痾を克服できないまま沈下しているのは、子どもを親の持ち物のようにとらえ、家庭に子育てを押しつける考え方が根強く残っているからではないか。泉と保守的な多数派市議とのバトルは、300年越しの「子どもという存在」への認識の差にも根差している。

政治家引退を表明した泉は、多数派市議に負けたのだろうか……。記者会見のネット配信ライブを眺めながら、私は自問した。

確かに議会は問責決議を可決したが、採決が多数の民意を表しているとは限らない。むしろ問責決議が通ったのは、この国を覆う「2割による支配」のメカニズムが全国の隅々まで浸透しているからではないかと思った。

明石市議会は、自民党系13人、公明党系6人、泉を支持する諸党派10人の議員で構成されている。議案によって公明系が自民側につくか、支持派につくかで可否が決まる。問責決議は、この図式がそっくり当てはまった。採決に加わらない議長を除く、28人の議員のうち賛成18、反対10。公明系が賛成に回って可決している。

では、キャスチングボートを握った公明会派6人は、どれほどの市民の付託を受けているのか。公明会派6人が前回の明石市議会議員選挙（2019年4月21日投開票）で獲得した票数は、1万6709票だった。自民系11人の2万9146票と合わせても4万5855票だ。明石市の有権者数24万6937人の18％少々にすぎない。その2割弱の勢力が、市長選で8万7796票を得た泉の進退を決したのである。

「2割による支配」の実態をまざまざと見せつけられた。これが民意を反映しているとはいえまい。もちろん泉支持派の議員も同じ土俵で競っているのだから仕方ないといえばそれまでだが、私たちは「2割による支配」に無自覚すぎるのではないだろうか。

ビジネス界に「売上げの8割は2割の社員に依存する」と示した「パレートの法則」がある。イタリアの経済学者ビルフレッド・パレート（1848〜1923）が1880年代の欧州の経済統計から導いたといわれ、「80対20の法則」とも呼ばれる。この法則は「成果の大部分が全体の一部によって生み出される」傾向を表している。

日本の政治状況は、まさにパレートの法則を地でいっている。一例をあげよう。21年10月の総選挙の比例代表ブロックで自民党は約1991万票を得た。得票数は有権者全体の18・9％だったが、比例議席の40％を取った。その自民党政権が打ち出す政策は、生活に根差した国民意識とのギャップを生んでいる。

凶弾に倒れた安倍元首相の「国葬」もその一つだった。国葬の実施について、ほとんどのメディアの世論調査では「評価しない」が約6割、「評価する」3割、「わからない」1割と反論のほうが明らかに大きかった。理由はほぼ3つに集約できる。

まず、安倍晋三という政治家が国葬に値するのかどうか評価が定まっていないこと。憲政史上最長の8年8か月に及んだ安倍政権は、防衛面で集団的自衛権行使の閣議決定に続いて安全保障法制で自衛隊派遣を具体化した。アベノミクス（金融緩和・財政出動・成長戦略）で経済の活性化を図る一方、森友学園・加計学園問題や、桜を見る会での身内優遇では「権力の私物化」と非難された。さらに山上容疑者の銃撃動機から旧統一教会（世界平和統一家庭連合）と安倍本人、自民党議員との関係が浮上し、疑惑が膨らんでいた。

次に国葬の費用である。概算値で16億6０００万円と公表され、多額の税金投入への反対論が高まった。最終的に海外要人の参加が予想よりも少なく、12億6０００万円に下がったといえ、約２００か国の元首、王族らが参列した英国エリザベス女王の国葬費用とほぼ同額であり、税金の使途への疑問は残り続けた。

三つ目は、国葬を開く根拠のあいまいさだ。国葬の開催を定めた法令はない。岸田文雄首相は、内閣府設置法の「国の儀式」を挙げ、閣議決定したから問題ないと説明した。この解釈が成り立てば、政府は閣議決定すればどんな儀式でも行なえることになる。

政府は、22年9月27日、国民の反対論を押し切って、国葬を開催した。東京地方は晴れて、気温が29度まで上がる。夏のなごりをとどめた昼下がり、献花台が置かれた千代田区立九段坂公園から花を携えた人の列が約3キロ離れたＪＲ四ツ谷駅まで延々と続いていた。

「献花ができるまで3時間」とメディアは伝え、元首相の死を悼む思いの深さ、大きさが印象づけられた。約6割の国民が反対しても、ふたを開ければこれだけの人が集まる、と多くの人びとが思っただろう。

だが、翌日、一般献花者の数が2万5889人と発表され、拍子抜けした。地上に横に並べれば3キロちかくに及ぶ人の数も、東京ドームのキャパシティの半分程度だったのだ。ドームに約5万人を集めるアイドルグループのコンサートにも遠く及ばない。ここに「2割による支配」のからくりを解くカギがあると私は思った。

つまり熱を帯びた少数がアクションを起こし、マスメディアがそれを増幅すれば、大衆のイメージをコントロールできる。右派の国家主義的な熱狂が、少数でも、ゆるぎない岩盤を形成してメディアがなびけば政権の安定感が醸成できる。もの言わぬ多数派(サイレント・マジョリティ)は政治への関心を失い、政権を追認し続ける……と。献花者の数は、そうした少数による支配の実相を表していた。

動き出したサイレント・マジョリティ

明石の泉市長を政治家引退に追い込んだのも、「2割による支配」の構図だった。

ところが、異変が起きた。明石ではサイレント・マジョリティが声を上げた。

泉が引退会見を開いた直後から、市役所に「続投」を求める電話がひっきりなしにかかってくる。

手紙やメールが続々と寄せられた。もの言わぬ多数派が沈黙を破って、意見を出している。泉は、まだ敗れてはいなかったのだ。

引退表明からひと月後、私は明石市を訪ね、泉と向き合った。夏に雑誌『ＡＥＲＡ』の取材で、まる1日、張りついて長いインタビューをして以来だった。

「４００通を超える手紙をいただいています。ほぼすべてが『辞めないで』ではなく、『辞めたら困る』です。泉市長がいるから明石に引っ越してきたのに辞めたら困る、いまさら他には移れません、お腹に子どもがいるのに人生設計が狂います、保育料が有料になったら月に５万円も６万円も払えません、といった声です。わたしが街に出たら、すぐに市民に取り囲まれて質問攻めです。ちゃんと責任をはたして次のフェーズに移っていきます」

と、泉は市民の反応を口にした。責任の取り方にはいろいろある。

「政治家は、結果責任を負わねばなりません。議員さんに暴言を吐いたのは事実ですから、陳謝して政治家を辞めて責任を取ります。他方、市民がやさしい明石で暮らし続けられるよう政策継承の体制を整える責任もあります。財政的には、今後、無理しなくても、子ども政策を続けられる基盤を築きました。現在、市の予算は年間約２２００億円（一般会計と特別会計の合計）です。市長就任当時、子ども関連予算は１２５億円でしたが、少しずつ付け替え、11年かけて２９７億円に増やしました。そのなかで『五つの無料化』に必要なのは34億円です。増加分１７２億円の20％をあてれば済むのです」

議論が分かれる「所得制限」について、泉は「必要なし」と一刀両断だ。

「無料化といいながら所得制限をしたり、自己負担を求めるところがありますが、違うと思う。すでに、みんな税金や保険料を払って十分負担しているんです。日本の国民負担率は47・5％で欧州並みに高い。前払い済みなのです。みんなが出したお金を使い、みんなで子どもを育てる。その手段の一つが無料化ですから、親の所得で制限するのはナンセンス。つまらない分断を生むだけなので所得制限は必要ありません」

明石では、子ども施策を起点に子育てしやすい安心感が広がり、まちの人口が増えて地域経済が潤い、好循環が生じている。「こどもを核としたまちづくり」の賜物といえようが、街の賑わいとは裏腹に泉市政にとってのアキレス腱も残った。下水道や道路などのインフラ整備だ。土木部門の「政官業」が泉に反旗をひるがえし、彼は追いつめられた。インフラ整備の利権をどう扱えばいいのか。

「明石市が土木予算を削ったといっても、欧州並みの比率は保っています。そもそも日本の予算配分は異様です。子ども予算は他国の半分、逆に土木予算は2倍。過剰な公共工事が無駄遣いの塊。利権の温床になっている。そこにメスを入れないとお金は生まれません。最近、明石はインフラがボロボロだといわれなき批判を受けていますが、嘘です。明石の面積は49キロ平方メートルと狭い。

下水管も長さは短くていい。適正に整備しています。学校の教室は子どもが増えて足りなくなったので急いで対応しています。道路渋滞の問題もあり、新しい幹線道路を突貫工事で建設中です。無駄遣いをしていないから、必要なところにすぐ手をつけられる。つまり利権屋と一線を画しているからできるんです」

一般市民には、公共工事ほど見えにくいものはない。道路も橋も、水道も整備されれば「ああよかったね」と感じるが、費用対効果がどのぐらいか、ほんとうに必要かどうかはわからない。チェックのしくみが働かないのだ。

「じつは、わたしは兵庫県のハード整備関係の市長会の会長なんです。県内40自治体のインフラ整備の要望をとりまとめて国土交通省に要請しています。驚くことに、この要望内容には金額を入れてはいけない、期限も書かない。ただお願いばっかりもってこいと国に言われています。実際は、上げた要望の3割程度が実施される。ほんとうにやってほしい3割のために10割の金額も期限も書かない要望を上げなきゃいけない。延々とそれをやっている。ほとんど無駄ですわ。要望している本人が言うんだから間違いない」

泉の政治の師匠で代議士の石井紘基（1940〜2002）は、まさに国家予算の「闇」を解明しようと政府支出の無駄を厳しく突いた。とくに不透明な公共事業の金蔵だった特別会計のカネの流れを詳細に洗い出す。いよいよ政府追及の国会質問に立つと決まり、質問に関する書類を国会に提出しようと家を出た朝、玄関先の路上で刺殺された。右翼団体の代表が警察に出頭して逮捕されたが、書類は鞄から消えたまま、見つかっていない。

「石井さんは正義感の塊のような人でした。ニュースで殺されたと知り、大急ぎで上京して通夜、お葬式の手伝いをしたのを昨日のことのように覚えています。弁護士になれたのも石井さんの誠心誠意の助言のおかげです。石井さんの遺志を継いで国会議員を1期2年務め、超党派の議員立法で『犯罪被害者等基本法』を成立させました。国会での経験は市長の仕事に役立っています。予算の無駄を省き、市民と一緒に政治を動かすのは石井さんの持論でもありました。これは普遍的なものです。次の代に継承したいですね」

課題は、あとを継ぐ「人」であろう。2023年4月には統一地方選挙が待ちかまえている。明石市長、市議会議員の選挙も行われる。この選挙で誰が勝つかだ。

「任期満了までの半年間、ラストスパートをしながら、政策のタスキを受け継いでくれる人を見つけます。やさしい明石に共感して同じ思いを持つ議員が市議会の過半数を占める体制をつくります。そのために市議候補の公募を始めました。市長候補も公募します。特定の業界団体や宗教団体を向くのではなく、市民の側に立つ人に次を託したい」

明石市役所は瀬戸内海に面している。2階の食堂のテラスに出ると潮風が頬を撫で、左手に本州と淡路島をつなぐ、世界最長クラスの吊り橋、明石海峡大橋が見える。風光明媚、橋の下を大小さまざまな船が行きかう。

晴れた日は穏やかに凪いでいる海も、しかし風が吹けば激しく荒れる。暴風雨が襲来したら小さな船は木の葉のように弄ばれ、生命の危険が迫ってくる。この海浜の貧しい漁師夫婦の長男に生まれた泉房穂は、どのような人生経験を積んで市長の椅子に座り、明石市を立て直したのか。火の玉のような泉のエネルギーの源に焦点をしぼっていこう。

3章

貧しい漁師の倅から…

「房穂、半分、弟に返してあげて」

ドッドッドッドッドド……沖のほうから漁を終えた父の船のエンジン音が聞こえてきた。小学校に上がったばかりの房穂は、宿題のドリルの手を止め、バケツを持ってバラック建ての家を出た。玄関わきの小さなお地蔵さんにペコリと頭をさげ、井戸の横を抜け、狭い路地をくねくね折れて、急な石段の坂道を浜へと駆け下った。

夕日を背にすっくと立った父が舵をとっている。船が岸壁に近づくと、

「ぎょうさん獲れた?」と少年は声をかけて、バケツを船の甲板に投げ入れた。

「大漁や。いくどっ」と父はロープを投げ返す。

房穂はすばやくロープの端を持ち上げ、浜の巻き上げ機械につないだ。轟々と音をたててロープが巻かれ、船が砂浜に引き上げられる。父は、甲板でぴちぴち跳ねる鯛やカレイをつかんでバケツに入れ、息子に手渡した。

「白菜か、キャベツと換えてもろといで」

いきのいい魚を近所の農家に届けて野菜と交換するのは房穂の日課だった。重くなったバケツを手にぶら下げ、房穂はそろりそろりと石段の坂を上り、数軒離れた農家に向かう。野菜と一緒に「お駄賃や」と菓子をもらい、家に戻ってドリル帳をふたたび開いた。

泉家の暮らしは楽ではなかった。あまつさえ房穂の四つ下の弟は脳性小児まひで「一生起立不能」と診断されており、「障害児を、なんでわざわざ家に連れて帰ったんや」と世間の風当たりは強かった。家族がすがったのは、すべての生きとし生けるものを救うまで仏にならないと誓ったお地蔵さんである。

浜の作業を終えた父が帰ると、「房穂、おいで」と母に呼ばれた。宿題を中断して表に出る。父と母と房穂は肩を並べてお地蔵さんの前にしゃがんで手を合わせた。

「立って歩けますように」

家族は朝な夕な弟が歩行できるよう祈るが、医学的にはかなわぬ夢と宣告されている。母は向き直って「房穂のことも頼んどいたからね」と気休めを言った。

「いらんわ、僕のことはほっといて」と房穂は心のなかで抗った。それよりも「あんたは返しなさい」という呪文のような言葉が胸に突き刺さっていた。

少し前、母は弟を連れて無理心中を図ろうとした。だが、房穂を残しては死にきれなかった。未遂に終わった後、母は長男を前にしみじみとこう語りかけた。

「房穂、あんたは返しなさい。あんたも1人分でよかったのに、どうしてあの子の分までもって生まれてきたの。なんで勉強できて、足も速いねん。ふつうでいい。あんたが2人分もって生まれたから、あの子が歩かれへん。半分、弟に返してあげて」

大好きな母からそう言われると、房穂は罪悪感にとりつかれ、自分の体を引きちぎって、弟にあげたくなった。運動も勉強も学年で一番だった。テストは百点が当たり前なのだが、満点でも「なんで房穂ばっかり」と親は喜ばない。「百点、取ってごめんなさい」と謝りたくなる。2人分持って生まれた境涯に戸惑いながら、房穂はお地蔵さんに手を合わせた。

嫌なことがあっても、お地蔵さんは笑って迎えてくれる。悪さをした後に見る顔は怖い。誰が見ていなくても、お地蔵さんだけは知っている、嘘はつけないと房穂は肝に銘じた。

さて、今日のお地蔵さんは笑っているのか怒っているのか、とうかがっていると……。

「お父ちゃん、お風呂やね。房穂、湯をわかして」

母のひと言でお地蔵さんとの無言の対話は断ち切られ、現実に引き戻された。

泉家は鉄製の五右衛門風呂を使っていた。洗濯機はまだなく、母は近くの小川の清水で洗濯をしている。風呂を沸かすには屋外から薪を竈にくべなくてはならなかった。鉄の風呂釜を熱してなかの水を温め、湯が沸くと木の底板を入れて、熱い風呂釜に触れないようにそーっと身を縮めて浸かった。

湯が沸くまでえらく時間がかかる。ポツリ、ポツリと雨が落ちてきた。

傘を差しながら房穂は焚きつける。ただでさえ燃えにくい竈に湿った薪を放り込むから煙が出て、ゴホゴホとむせ返る。「なんで、おとんもおかんも一所懸命働いてるのにうちは貧乏なんやろ。誰も助けてくれんのやろ」と独白した。

ときは高度経済成長期のまっただなか。大阪では万国博覧会が開かれ、リニアモーターカーや携帯電話がお目見えしている。日本中が経済成長は当たり前、「明日は今日より必ずよくなる」と信じていた時代の底で、泉家の家族は歯を食いしばって生きていた。

清貧の父母が房穂に望んだこと

泉房穂は、1963年、明石市二見町西二見で漁業を営む28歳の父・秀男と、23歳の母・小夜子の長男に生まれた。

二見の路地のあちこちにある地蔵

古来、二見の海は、遠浅で西風が吹くと明石海峡の潮流とぶつかって波浪が高まり、船の難所として知られていた。タコや魚貝の漁場が近いものの、陸側は乾燥して水利に乏しく稲作に向かない。荒天が続いたり、集落どうしの漁場の争奪戦に敗れると、二見は飢饉に見舞われ、赤子が間引かれた。水子の魂を鎮めた名残りだろうか、路地の方々にお地蔵さんがたたずんでいる。

二見の暮らしの過酷さは地元の御厨神社の「安永三義人

之碑」が物語っている。

江戸後期、二見と近隣の村との間に諍いが起き、13漁区のうち11漁区を奪われた。二見の衆は残る2漁区を命の綱と頼んで出漁を大阪代官所に訴えたが、明石藩にも入れられない西の外れ寒村の係争は放置され、住民は餓死した。そこで庄屋代理ら3人が立ち上がる。安永2（1773）年、参勤交代の老中松平右近が二見を通りかかると「駕籠訴（直訴）」をして窮状を申立て、漁は辛うじて認められた。しかし、駕籠訴は農民一揆の一形態とみられて厳に禁じられていた。三人は極刑に処せられる。その遺徳を偲んで碑が建てられたのだった。後年、泉は選挙に立つたびに御厨神社で出陣式を行っている。三義人への思い入れは深い。

父の秀男は、漁家の13人きょうだいの4男に生まれた。兄3人が満州事変から太平洋戦争までの15年戦争で戦死したので、小学校を卒えると一家のために働かざるを得なかった。二見から出征した兵士の死亡率はすさまじい。いつの時代も、どこの国でも戦争は貧しい民の命を形に遂行され、権力者は安全地帯で指揮をとる。

小学校で級長に選ばれた秀男は、勉強が好きだったけれど、「漁師が本を読んだらあかん。目が悪くなる」と教科書を奪われ、漁へと追い立てられた。のちに秀男の母（房穂の祖母）は、「秀坊には悪いことをした。勉強させてやれんかった」と悔やんだが、子だくさんの大家族を養わねばならなかった。

秀男は、海でも抜群の勘の良さと洞察力を発揮した。漁は小さな船が何隻か集まって沖に出て、網を曳いて行なう。秀男は、風向きや潮の流れを読んで魚群を見つけるのが天才的に巧かった。12、13歳のころから帆柱のてっぺんに登って五感を研ぎ澄まし、北だ、東だ、と指し示す。漁師仲間は秀男を重宝した。

秀男は中学校に通いたくて仕方がなかった。親も漁師連中も、彼を手放さず、ほとんど通えないまま義務教育期間が過ぎていった。秀男の探求心は、漁師の生活改善に向けられる。その一つが「海苔の養殖」ノウハウの導入である。

戦後から1960年代にかけて、貧しい二見の漁師は夏場しか漁に出られなかった。冬は、現金収入を求めて、明石出身の中部幾次郎が興した大洋漁業（現マルハニチロ）の捕鯨船に乗り組んで南極海に向かった。捕鯨の出稼ぎは、重労働の連続、危険と隣り合わせだった。命を落とす者もいる。たとえ死んでも大した補償はなく、残された家族は路頭に迷った。「冬も地元で働ける方法はないやろか」と漁師は額を集めて話し合う。

秀男は「海苔の養殖」に目を付けた。海苔の産地で名高い有明海に出向いて手法を学び、二見に帰って、毎日、顕微鏡をのぞいて研究を重ねた。新しい知見を得たら、秀男は仲間の漁師に惜しみなく伝え、手法を独り占めしなかった。「お互いさま」の精神が服を着て歩いているような男だった。

母の小夜子は、秀男の家の三軒隣りで生まれ育った。中学を卒業して工場に勤めた。秀男との縁談が持ち上がると、初めのうち、小夜子は結婚を渋った。周りから熱心に薦められ、断り切れないと知ると、それならば、と結婚の条件を出す。

「住むところがほしい」と。姑との同居を嫌い、夫婦のマイホームを求めたのだ。望みはかない、粗末なバラック建てとはいえ、新居が用意される。ふたりは結婚生活を始めるに当たって、誓いを立てた。

「高校ってどんなところやろか」と小夜子が秀男に聞いた。

「中学もろくに行ってへんのにわからんよ」。秀男が答える。

「うちらは貧乏で高校に行かれへんかったけど、せめて子どもは行かせたいね」

「そうやな。がんばって働いて、子どもは高校に行かせよう。わしらの誓いや」

若い夫婦は、身を粉にして働き、長男の房穂を授かった。

その3年後、小夜子はまた身ごもった。この年は数十年に一度の丙午だった。庶民の間には、丙午の年に生まれた女性は気性が激しく、夫の命を縮め、死後は「飛縁魔」という妖怪に化けるという迷信がある。戦後も丙午の迷信は残っており、66年の出生数は136万人で、前年より46万人、約25％も減っている。小夜子もまた中絶し、出産を避けた。

翌67年、小夜子は次男を生んだ。赤ん坊は血液中の酸素レベルが下がり、皮膚や唇が紫色に変わるチアノーゼを発症していた。障害が残るのは間違いなく、医師は両親に告げた。

「このままにしましょう」

つまり、……見殺しである。母は「丙午の罰が当たったんや」と自分を責めた。

当時の日本は「旧優生保護法」（48年制定）が施行されており、障害児を見殺しにするような非道がまかり通っていた。この悪法は「優勢上の見地から不良な子孫の出産を防止する」ことを第1条の目的に掲げ、障害のある人の存在自体を否定した。96年に母体保護法に改正されるまで、遺伝疾患、ハンセン病、精神障害がある人たちに対し、強制的に不妊手術や中絶手術が行われた。こうした手術で約8万4000人もが被害を受けている。障害を負った嬰児の見殺しも、その非人道的な施策の一環であった。

とりわけ兵庫県は、優生思想の温床であり、66年より「不幸な子どもの生まれない県民運動」という法律をこえた差別政策を展開していた。内務官僚上がりの県知事、金井元彦は、妊婦の出生前診断を奨励し、障害児を「不幸」と決めつけ、「そんな子どもは生まれる前に、ないしは、生まれたらすぐに命を終わらせよう」と運動の旗を振った。

金井の強権的体質は戦後20年が過ぎても変わっていなかった。こんな逸話がある。

戦中、警保局検閲課長を経て青森県知事に就いた金井は、米軍の本土空襲が激化する45年7月18日、新聞を通じて県民に次の声明を出した。

「家をからっぽにして逃げたり、山中に小屋を建てて出てこないというものがあるそうだが防空法によって処罰出来るのであるから断乎たる処置をとる」

人びとに「逃げるな。火を消せ」というのだ。国は「旺盛な防空精神をもって、身を挺して国土を守り抜くという伝統の魂」で焼夷弾が落ちてきても火を消せ、と国民に求める。

金井の声明に呼応した青森市は「7月28日までに帰宅しなければ、食糧や物資の配給を差し止める」と市民を脅した。多くの市民が強制的に帰宅させられたところに62機のB－29が焼夷弾を雨あられと投下し、青森市の81％が焼き尽くされる。多くの人が亡くなった。金井が指弾されたのは言うまでもないだろう。

戦後、金井は公職追放されたが、米国の対日占領政策が、「日本の民主化・非軍事化」から「防共の砦・アジアの工場」路線へ逆コースをたどると復権した。55年に兵庫県の副知事に迎えられ、62年に知事選に立候補して勝つ。「不幸な子どもの生まれない県民運動」は、金井の優生思想と統制思考の結晶だったのである。

しばしば日本は45年8月15日の敗戦を境に民主的な国に生まれ変わったと語られがちだが、それは幻想だろう。中央政界では戦争を推し進めたA級戦犯容疑者が首相に返り咲き、統制社会の道具だった優生思想もまた受け継がれる。旧優生保護法には国民の命を軽んじた戦中の国家主義が刷り込まれている。

弟の障害で知った「二つの世界」

病院の医師は、生まれたての赤ん坊にチアノーゼの症状が出たのを見て、「このままにしましょう」と泉夫妻に言った。「それでは最期のお別れを」と赤ん坊の前にふたりは導かれる。何も知らない嬰児は、すやすやと眠っていた。両親はこらえきれず、「どうか命だけは助けてください」と、その場に泣き伏した。

「家に連れて帰りたい」と願い出ると「障害が残ってもいいのか」と医師は何度も念を押す。「覚悟しています」と夫妻は腹を決め、次男を二見に連れて帰った。隣近所からは白い目を向けられる。冷たい世間との闘いが始まった。

そのころ、障害のある子どもを診る医療機関は限られており、次男がかかった病院には同じような境遇の子どもが入院していた。秀男と小夜子は、障害のある子を持つ他の家族と手を携えて、小さな運動を起こす。明石市内の母子寮の一室を借りて、障害のある子どもと家族の居場所をつくったのだ。

房穂は、学校の帰りや休日に障害児がいる母子寮に通った。重度の障害を持つ子どもたちと一緒に過ごして、この世には「二つの世

泉兄弟

界」があることを痛感した。一つは健常者ばかりが何不自由なく、飛んで跳ねて、走って、勉強をしている多数派の世界。もう一つは重度の障害を背負って体が動かず、発語もままならない少数派の世界だ。

さりとて、多数派と少数派は単純に二分できるわけではない。少数派の障害児のなかに健常者の房穂がひとりでポツンといると、多数派の学校では感じたことのない孤立感に襲われた。「どっちが本当の世界だろう」と奇妙な感覚にとりつかれる。

毎日、健常者の学校と、障害児の居場所を行ったり来たりするうちに、環境や状況しだいで人は多数派にもなれば、少数派にもなると覚った。だが、健常者の学校では、障害児など、この世にいないかのように生徒も教師もふるまっている。何かがおかしい。間違っていると房穂は感じた。少数派を無視する社会への復讐心が芽吹いた。

二つの世界を往来していたころの実感を、市長となった泉はこう回想する。

「重度の障害のある者が、体が反り返った状態で、あッあッうーと必死で喋ろうとしているのを日常的に見ていると、自分の苦労とか、努力なんて大したものではないと思いました。生まれつき、どんなにがんばっても克服できない障害を負った者がいる。世のなかけっして平等ではない。わたしの体は反り返ってないし、喋れるし、字も書ける。こんな人間の努力なんてたかが知れてる。だけど、健常者ばかりの学校では、百点取ったらえらい、足が速かったらすごい、と褒められて、障害者など見向きもしません。なんか、嘘っぽい世界やなぁと思いました。多数派は居心地がよくて、少数派はしんどい。両方を行ったり来たりしていて、おかしな社会だと気づきました」

障害児と家族の居場所があった母子寮は、その後、閉鎖されそうだったが、泉が市長に就任して母子生活支援施設に再生された。ドメスティック・バイオレンス（DV）からの母子の緊急一時保護や、自立への歩みを支えている。

房穂の弟が4歳の誕生日を迎えると、両親は「無謀」な挑戦を弟に課した。

「歩け！とにかく歩け！」と、両足に鋭い金具がついた装具をはめて歩行訓練を強いたのだ。弟が倒れると無理やり立たせて「さぁ歩け」。転んでは立たせ、立たせては転ぶ。

「一生起立歩行不能」の診断をくつがえそうと猛然と歩行訓練をさせた。

弟がつけた装具は、テレビの人気アニメ番組「巨人の星」で星一徹が息子の飛雄馬に装着した「大リーグボール養成ギプス」を彷彿させた。アニメの強力なバネを備えたギプスは飛雄馬に剛速球を投げる力をつけさせるが、歩行練習の装具は下手をすれば凶器に変わる。弟の膝は血まみれで、房穂は目をそむけたくなった。「何が何でも歩けるようにするんや」と両親は力づくで歩かせようとする。リハビリも何もあったものではない。

訓練の成果かどうかはわからないが、弟は4歳のときに奇跡的に両足で立った。さらに5歳で、どうにか、歩きだした。「間に合ったーっ」と家族は抱き合って喜ぶ。これでお兄ちゃんと一緒に二見小学校に通えるようになる、と胸をなでおろした。

それもこれも「お地蔵さんのご利益や」と秀男と小夜子は感謝をこめて、野ざらしだったお地蔵さんに祠を贈る。スレート版の屋根と板張りの壁でお地蔵さんを囲った。高さ1メートルほどの祠である。壁板に「昭和47年9月吉日」と墨守した。もうすぐ兄弟そろって小学校に通える喜びが墨文字にあふれている。

しかし、明石市は、家族の希望を木っ端みじんに打ち砕くような連絡を寄越した。

「歩きにくい障害があるのなら、養護学校に行きなさい」

養護学校は電車とバスを乗り継がなくては行けない。二見小学校までは500〜600メートルの距離なのに市の福祉・教育部門は遠い養護学校へ通えと指示してきた。

「目の前に学校があるやないか。電車やバスに乗るのも大変やのにどこまで行けというのか。通えるわけないやんか」。両親は怒った。足の不自由な子どもに、公共交通機関を使って遠くの養護学校に通えとは、あまりに無体な話である。

行政には小学校が障害児を受け入れるという発想自体がなかった。ハンディキャップがあれば授業についていくのも難しい。健常者と分けたほうが障害児に負担がかからないとおためごかしに言う。両親は、必死に行政と掛け合い、どうにか二見小学校への入学を認めさせた。ただし、2つの条件をつけられ、誓約書を書いた。

「何があっても行政を訴えません」

「送り迎えは家族が責任を持ちます」

条件をのんで弟の小学校入学が許された。両親は早朝から海に出るので、送り迎えは房穂の役目だった。弟は歩けるといってもよちよちだから重いランドセルは背負えない。房穂は自分のランドセルに弟の教科書も入れて登校した。毎日が戦場に行く少年兵のような気もちだった。冷たい世のなかとの戦闘だ。弟を守って多数派の常識をひっくり返したい。そんな闘争心を燃やして登校し、正門の横のトイレの一番端の仕切られた個室に入る。鍵を掛けて、弟のランドセルに教科書を移して、「がんばってこいよ」と教室に送りだす。帰りはまた、弟の教科書を自分のランドセルに入れて下校した。

浅瀬で溺れかけた弟

5年生の房穂と1年生の弟が登校を始めて間もなく、全校児童が遠足で海岸へ潮干狩りに行った。浅瀬が遠くまで続く二見の海にはダンプカーがひっきりなしに土砂を運んでいた。県の公共事業「二見人工島」の建設が佳境にさしかかっている。埋め立てで生まれる造成地には工場団地が入る予定だった。

時の総理、田中角栄の著書『日本列島改造論』が大規模開発を煽っていた。

1960年代末から70年代前半にかけて、政府は全国総合開発計画による大規模開発プロジェクトを各地で展開した。地下資源の乏しい日本は、輸入した石炭や石油、鉄鉱石、銅などを臨海部で加工・処理して工業を発展させる。輸入資源を運ぶ巨大な船が着岸できる臨海工業団地は高度経済成長の表象であった。

ただし、経済成長には反動がつきものだ。公害である。熊本県水俣湾では工場廃液に含まれる有機水銀が海を汚染し、食物連鎖で人間を死に至らしめる「水俣病」が発生した。新潟県遠賀川流域でも同様の健康被害が生じ、三重県四日市市では石油コンビナートが出す亜硫酸ガスが大気を汚染して気管支炎や喘息が多発する。富山県神通川流域では鉱山の精錬にともなう未処理排水にカドミウムが混じり、骨を溶かす「イタイイタイ病」が住民を苦しめた。

高度経済成長は、公害とともに社会の構造変化をもたらした。炭鉱や鉱山が閉鎖され、市場競争力が弱い農業や水産業が衰退して働き口を失った若い労働者が、どっと大都市圏に流れる。都市への人口集中と地方の過疎が同時に進行した。都市が人口を吸い上げて経済成長する裏で、取り残された地方の活力は奪われていく。

新潟の豪雪地帯の農家に生まれた田中角栄は、72年に『日本列島改造論』を刊行した。「工業再配置と交通・情報通信の全国的ネットワークの形成をテコにして、人とカネとものの流れを巨大都市から地方に逆流させる〝地方分散〟を推進する」と謳いあげ、自民党総裁選を制した。『日本列島改造論』は全国で爆発的に売れた。

だが、人とカネとものの「地方分散」が主題の列島改造論は、新幹線網や幹線自動車道、本州四国連絡橋ルートなどが「地名入り」で記されたために不動産投機を招いた。大企業が先を争うように候補にあがった土地を買い占め、地価が上がる。田中の知恵袋だった元国土事務次官・下河辺淳は列島改造ブームを田中自身が「怖がった」と述べている。

「田中角栄さんが（略）何を怖がったかというと、財政インフレに火をつけるという話と、環境破壊に対してこのままでは対抗できないという話と、土地問題がどうなるか、暴騰してしまうのではないかというあたりを心配していて、総理になったとたんに、列島改造論に水をかけることしか私には言いませんでした。何とか火を消さなければだめだというのですね」（『戦後国土計画への証言』）。

高度成長のひずみはあちこちに現れていた。二見でも、環境破壊のリスクをはらみつつ海が埋め立てられていく。零細な漁業者は、漁場が失われるのと引き換えに補償金を手にした。儲けが薄い漁師は喉から手が出るほど現金がほしい。補償金でバラックの家は建て替えられ、家電製品が買われる。泉家の風呂はガス湯沸かし式に変わり、房穂は焚きつけの煩わしさから解放された。洗濯機も入った。母の小夜子は口ぐせのように言った。

「房穂、金持ちと喧嘩したらあかん。金持ちと喧嘩したら絶対にやり返されるからな、黙って従うとき。金持ちと喧嘩したらあかんよ」

そう説教されると、「金持ちがなんぼのもんや」とよけいに反骨心が頭をもたげる。

小学校では富家の子も貧家の子も一緒に潮干狩りの遠足へ行く。砂浜を掘り返せば、アサリが次々に見つかった。児童と教師が夢中になって砂をかいていた。

房穂は、虫のしらせか、気になって弟のようすを見た。「あっ、おおごとや」心のなかで叫んで弟に駆け寄った。弟は浅瀬に倒れたまま起き上がれず、もがいていた。水深わずか10センチのところで弟は溺れている。慌てて抱き起し、ことなきを得たが、まわりには大勢の人がいた。誰も手を貸そうとはしなかった。

皆、口にこそださなかったが、「なんで障害者が同じ学校におんねん。潮干狩りにくんねん」と言いたげな冷たさがあたりに漂っていた。

ずぶ濡れの弟の手を引いて、房穂は、とぼとぼと帰った。

あまりの悔しさに身を震わせる。涙がこぼれないよう見上げた空は曇っていた。

「こんな世のなか、変えてやる。なんで弟、こんなにええやっちゃのに冷たい目でみんねん。なんで困ってたら手を、貸さへんねん。クラスメートも先生も悪意はないやろう。近所のおっちゃんも悪くはない。けど、何かが間違ってる。これは人やない。世のなかの何かが、根本が間違っている。こんな冷たい世のなか、変えてやる」

強烈な復讐心、社会変革の炎が少しずつ燃え上がっていった。

弟の徒競走で気づいたこと

秋、二見小学校の運動会が市の陸上競技場を借り切って開かれた。房穂が徒競走で悠々と一等のテープを切る一方、一年生の弟は観客席の隅で黙って眺めていた。潮干狩りの一件があったので、周囲に迷惑をかけてはいけないと自重したのである。

次の年、運動会が迫ってくると、弟は「僕も出たい」とごねだした。両親も房穂も驚いた。房穂は「やめとけ。笑われるだけや。みんなと同じ学校におるだけでええやん。見といたらええやん」と反対した。母が弟を諭す。

「あんた、わがまま言うたらあかんよ。まわりに迷惑かけるやろ。二見小学校に行けるだけでもありがたいんやから、目立たんように隅っこで見ていなさい」

「いやや、いやや、僕も、僕も、出たい。絶対に出たいんや」

と、弟は泣きじゃくって抵抗した。

「出ても、走られへんやないか。こけてケガしたらどないすんねん。おまえがケガしたらみんなに迷惑かけるやろ。やめとけ」と房穂は止めるが、弟は「いやや、僕も出たい。走るんや」と言い張った。どんなに説得しても弟は聞かず、ついに両親も止めようがなく、「形だけでもいいので運動会、参加させてやってください」と学校に頼みに行った。学校側も了解し、弟の徒競走への出場が決まった。

運動会の当日、「次のプログラムは2年生の50メートル競走です」とアナウンスが流れた。ゴール近くの観客席にいた房穂は、半ばふてくされてグラウンドに視線を向けた。

どうせ、笑いものになるだけ、恥ずかしい、と目を伏せたくなる。

「よーい」ドン！　号砲が鳴った。

横一線のスタートだ。ハンディキャップのある児童を健常児よりも前から走らせる考え方は、まだなかった。まわりが一斉に駆け出し、当然、弟は取り残された。

あっちへヨロヨロ、こっちへヨロヨロ。ああ、やっぱり止めたほうがよかった、と房穂は悔いた。先を走る子どもたちは続々とゴールに入っていく。弟は、まだ10メートル程度しか進んでいない。どうして、みじめな思いをするだけなのにあいつは……と少し腹立たしさすら感じながら弟を見ていた。そうすると……。

房穂の隣に同級生の朝比奈秀典が座っていた。

朝比奈は、ふと房穂を見て、「異変」に気づいた。

「おまえ、なんで泣いてんねん。どうしたんや。先生に怒られたんか」と朝比奈は声をかけた。房穂は、無言のまま、顔を朱に染めて、前を向いていた。

「おかしな、やっちゃな」と朝比奈は、房穂の視線の先を追う。弟がふらふらとグランドを走っていた。そうだったのか、弟か……と朝比奈も状況がつかめたが、まさか泉の内面で劇的な「覚醒」が生じていたとは知る由もなかった。

弟は、たったひとり、よろけて走りながらも、なんと満面に笑みを浮かべ、こぼれそうな笑顔で、心の底から嬉しそうにゴールへ向かっていたのである。

「それまで弟が不憫やと眺めていました。他人に迷惑かけて申し訳ないと思ったし、かわいそうでならなかった。そしたらその弟が、はじけるような笑顔で走っているんです。弟、こんなにええ顔するんや、と衝撃的でした。それで、涙が出てきました。なんで自分は、弟の味方をしてやれなかったのか、みっともなくても、走るのをちゃんと応援しなかったのか、と思うと涙が止まらなくなりました。人のため、弟のためと言いながら、周囲の目を気にしていたのは自分です。自分が一番冷たかった」

と、いまも泉の網膜には「あの場面」が焼きついている。

「涙を流して気がつきました。人のしあわせは本人が決めるもんや、と。障害者のしあわせは、親やきょうだいが決めるものではなく、当の本人が決めればいい。逆に本人のためといいながら、家族が一番の敵というか、足かせになっていることがある。障害者の敵は、母親や父親、家族だったりします。自分は弟の一番味方で毎日、送り迎えしているから、弟のことはわかっていると自惚れていた。そうではなかった。よかれと思ってやっても、それが本当にいいかどうかは、当の本人が決める。あそこが自分の原点かな」

当事者主体の支援が福祉や医療、介護の分野で語られるのは2000年代に入ってからだ。その四半世紀も前に小学6年生だった泉は当事者主体の大切さに目覚めている。

房穂少年は、賢く、やさしく、強くなって世のなか変えてやる、しんどい思いをしている人を救ってやる、そう念じて思春期を過ごした。二見中学では柔道に励み、明石市内では断トツの学業成績で新設校の兵庫県立明石西高校に進んだ。高校でも柔道とラグビーに汗を流し、生徒会長も務めた。

高校3年のゴールデンウィーク明けに「東大に行きます」と教師に宣言して猛勉強に拍車がかかる。塾には通えないので、近くの本屋で参考書や問題集を立ち読みしていると、店の主が机と椅子を出してくれた。1日に4～5時間眠る以外は、トイレでも風呂でも受験勉強に没頭した。「日本で一番勉強している」自負があった。

東大受験の直前、父方の祖母が老衰で危篤状態に陥った。13人の子どもを産んだゴッドマザーである。一族郎党、50人、60人の親類縁者が祖母の暮らしている家に集まった。すでに意識はなく、もうお迎えを待つばかりだった。枕元に父や叔父、叔母が集まって看取ろうとしていると、突然、祖母が「ふさほーーーっ」と声を出した。親族はびっくりして、末席にいた泉を「はよおいで、おばあちゃんが呼んでるで」と招き寄せる。にじり寄った泉は、祖母の手を握った。

ゴッドマザーは、いまわの際の死力をふりしぼり、息も絶え絶えに、

「ふさほーーっ、がんばれーっ！」

と、孫を励ました。明治、大正、昭和の三代を生き抜いた女家長は「ふさほーーっ、がんばれーっ！」のひと言に万感を託して、黄泉へと旅立った。臨終の言葉が「ふさほーーっ、がんばれーっ！」だったのだ。

常々、祖母は「秀坊には悪いことをした。勉強したかったのにさせてやれなかった」と秀男を中学にも満足に行かせず、働かせたことを悔いていた。その息子の房穂が一族で初めて大学を受ける。それも東大一本、滑り止めの併願はしない。未知の世界に飛び立とうとしている孫を全身全霊で激励したのである。祖母の臨終のひと言には一族が経験した苦難と不屈の魂が宿っており、親族は死を悲しむよりも先に鳥肌が立った。

泉は、現役で東大文科Ⅱ類に合格した。

正義感で学生運動まっしぐら

東京大学駒場寮、1935年に建築家の内田祥三が設計した鉄筋コンクリート造3階建ての建物は、2001年に大学側の訴えによる明け渡しの強制執行が行われるまで、長く学生の自治寮だっ

た。寮費は安く、相部屋は広い。かつて学生運動の拠点にもなっていた。

1982年春、泉は駒場寮に入った。社会を変えたいと念じる泉は、旧優生保護法の反対デモに参加し、教科書検定問題にかかわる署名活動を単独で行なう。6月、マスメディアは、文部省（現文部科学省）が教科書検定で高等学校用の日本史教科書の記述を（中国華北への）「侵略」から「進出」へと改めさせた、と一斉に報じた。その後、華北への「侵略」を「進出」と修正した例は見当たらなかったが、「侵略」を「軍事行動」に書き換え、「東南アジアへ侵略」を「東南アジアへ進出」と改めた例は確認される。

泉は、歴史修正主義で事実を捻じ曲げてはいけない、と署名活動をくり広げる。そこから社会変革への挑戦が始まった。9月には、駒場寮委員長（寮長）選挙に立った。

そのころ駒場寮の自治会は、日本共産党が導く日本民主青年同盟（民青）系のメンバーが仕切っていた。寮に常駐していない20代半ばの大学院生の方針に寮生が従っている状態だった。寮委員長に立候補した泉は、民青主導に反旗をひるがえし、「駒場寮のことは駒場寮生が決めよう。自分たちで決めよう」と訴える。大方の予想に反して、次点にダブルスコアで圧勝した。

駒場寮自治会を押さえた泉は、党派には属さず、学生運動、市民運動にのめり込む。渋谷の街頭のデモ隊の先頭で笛を吹き、三里塚闘争にも加わった。目立つ泉は、新左翼党派の中核派から目をつけられ、寮の屋上に呼び出される。5、6人に囲まれ、「入らないか」と誘われたが、断った。

「機動隊と衝突して喧嘩していてもしょうがないでしょう。多くの人の共感は生まれませんよ」と突っ張った。

「東大を権力者に仕える学校ではなく、困っている人を助けるための学びの場に変えたい」「ここを拠点に助け合い、支えあう社会をつくりたい」と一途に願う。まわりの「共感」を得ようと趣向を凝らした。寮運営では、企画、広報に力を入れる。

当時、総合エンタテイメント情報誌の草分け『ぴあ』が若者の人気を集めていた。主観性・批評性を排してハリウッドの大作映画も学生の自主製作映画も同量で紹介する編集姿勢がカルチャーブームを生んだ。泉はこれをもじって『ぷあ』という自虐ネタの寮情報誌を創刊。食堂のメニューからイベント、アルバイト情報まで誌面で紹介した。

企画部では、東大男子学生と女子大生「100対100」合同コンペを駒場キャンパスの生協食堂で大々的に開いた。お茶の水や聖心などの女子大生100人と、東大男子学生100人が並ぶ光景はなかなか壮観で週刊誌のグラビアを飾ったが、それを見た親は「おまえは東大まで行って、何をやっているんだ!」と息子を叱責する。

泉にとっては、100対100の合コンも「仲間を増やす」重要な手段だった。硬軟織り交ぜて、金持ちのボンボンやお嬢様揃いの東大生を目覚めさせ、駒場を革命の拠点にしようと真剣に考えていた。

青年期の泉の憧れの人物は、アルゼンチン生まれの革命家、エルネスト・チェ・ゲバラだった。ゲバラは、フィデル・カストロらと小さなクルーザー「グランマ号」でキューバに上陸し、苦闘の末に革命を達成している。幼いころから冷たい社会と闘ってきた泉にはゲバラの忍耐強さと誠実さ、洞察力、人心掌握力が羨ましかった。

いつかゲバラのように……と夢見ながら駒場寮の自治に精力を注ぐ。

泉が寮運営の先頭に立っていた11月28日、事件が起きた。統一教会（現・世界平和統一家庭連合）の総裁、文鮮明の統一原理を研究する学生サークル「原理研究会」をめぐってトラブルが生じる。駒場寮の反原理運動サークル「文理研」の寮生3人がいた部屋に、約10人の男が乱入して暴行した。午後4時50分ごろ、1人が怪我をしたと通報があり、目黒署員がパトカーで駆けつける。泉は警察が寮内に立ち入ろうとしたのを止めた。「解決したので敷地内から出てほしい」と告げた。警官は去ろうとせず、突然、カメラのシャッターが切られる。警察は泉をリーダーとみなして写真を撮った。

「あっ撮ったぞ」とまわりの寮生が声を上げ、「肖像権の侵害だ」と騒ぎ立てる。泉本人は、そんな権利あるのかな、とやや冷めて眺めていたが、たちまち学生が集まり、60〜70人の学生がパトカー3台と署員8人を取り囲んだ。「撮ったフィルムを返せ」「返さない」と押し問答がつづく。日が暮れても、学生は増え、二重、三重にスクラムを組む。警官は身動きがとれず、駒場駅前は怒号が飛び交い、騒然たる雰囲気となった。

そこに機動隊員約100人がジュラルミンの盾を持って駆けつけて、投光器を煌々と照らした。午後9時半過ぎ、機動隊員が目黒署員を救出しようと学生の排除にとりかかる。泉は無事だったが、他の4人の学生が機動隊員に公務執行妨害で逮捕された。残された学生は「不当逮捕だ」と必死に叫ぶ。

ちょうど自民党総裁選で田中角栄が後押しした中曽根康弘が勝ち、内閣を発足させたばかりだった。機動隊を駒場に派遣したのは右派の中曽根政権の判断だろう、と東大生は噂し合う。「許しがたい暴挙」への抗議をこめて街頭でデモ行進が行われた。

そのころ、中曽根は、新自由主義（ネオリベラリズム）の潮流に乗って行政改革を断行していた。国家の福祉・公共サービスを縮小し、「小さな政府」へ舵を切る。日本国有鉄道を分割民営化し、日本電信電話公社と日本専売公社も特殊会社に移す。その真意は労働組合の解体にあったともいわれる。中曽根は行政改革と並行して教育改革にも手をつけた。個性重視、生涯学習を推して「ゆとり教育」の基礎を固めた半面、自由主義的な国際化、情報化を加速させる。そこから東大教養学部の駒場寮の廃寮問題も浮上してくるのだった。

田中角栄に魅かれる

泉は、学生運動まっしぐらだったが、いわゆる反権力一色ではなかった。目ざすゴールは「世直し」である。やさしい社会を実現してナンボと心得ている。そのためには自己満足の反権力では難しい。泉は教育哲学を専攻して「子どもの発見者」といわれるルソーの思想を学び、「子どもを応援しない国に未来はない」とレポートをまとめる傍ら、現実の政治を動かす術をつかもうと奔走した。

政界は元総理大臣、田中角栄に下された実刑判決で大揺れに揺れていた。

金権政治の批判を浴びた田中は、総理を辞職後、ロッキード事件の5億円受託収賄容疑で逮捕、起訴された。83年10月、東京地裁で懲役4年、追徴金5億円の実刑判決が下される。田中は「内閣総理大臣にあった者として、その名誉と権威を守り抜くために不退転の決意で戦い抜く」と所感を述べ、控訴した。「田中はなぜ倒れないか。人間、はだかになったことがないからびくびくするんだ。おれははだかになっているんだもの」と嘯く。「解散はあしただっていい。解散は戦機だ。戦って国民に仰ぐ。負ければ責任を負う。それが民主主義だということが中曽根にはわからない」と、早く「みそぎ」を済ませたい田中は首相をけん制した。中曽根は田中と会い、議員辞職を促したが説得できなかった。

傲然と肩をそびやかす田中に世論の集中砲火が浴びせられる。国会は膠着し、中曽根は衆議院を解散する。12月18日の衆議院投開票が決まった。

総選挙は、ふたをあけてみると、与党の自民党が大敗するなか、故郷の新潟3区（中選挙制5人区）に立った田中は、22万761票、空前の票を得て15回目の当選をはたした。

泉は、田中政治には反発しながらも、マスコミが蛇蝎のごとく嫌う田中がなぜ大勝利を収めたのか不思議でならなかった。疑問を持つと居ても立ってもいられない。即、行動に移す。翌早朝、電車を乗り継いで大宮駅から信越線を使って新潟県の長岡に向かった。

関東地方は気温10度をこえて、快晴だった。真っ青な空は三国峠の上まで広がっていた。ところが、列車が群馬県みなかみ町から上越国境の長い清水トンネルに入って、10キロちかく走行し、新潟県湯沢町に出ると一面、銀世界だった。長岡は雪が2、3メートルも積もっている。駅前で田中の後援組織「越山会」の事務所の場所を聞き、門をたたいた。

「田中角栄先生はいますか」と泉は田中の支援者に聞いた。

「角栄先生は、いまはいないよ。兄ちゃんどこから来たんだ。学生か？」

「東京です。東大生です」

「まぁ上がれ」と選挙事務所の2階の大広間に通された。支援者は車座で、田中がいかに立派な人物か、口々に褒めたたえる。泉は、綺麗ごとに騙されはいないぞ、と内心腹を立てて聞いていた。

そのうち、ある後援者が訥々と語り始めた。

「東京の人は、角栄先生のことをいろいろ言うが、あの人ほど、わしらの暮らしようしてくれた人はいねぇ。ちょっと前まで、うちの山の向こうは大雪降ったら道が通れんくなった。子どもが病気になっても、山越えられんで病院にかかれず、毎年、1人、2人は死んだった。それで角栄先生がトンネルほってくれて病院に行けるようになってな、子どもの命が助かってる。東京の人間はぬくぬくと暮らして、何もわしらのことわかっていねぇ。角栄先生は命の恩人だぞ」

泉が黙って聞いていると「兄ちゃん、越山会に入れ」と紙を差し出された。「今日は、まだ……」と断りながらも、地元の支援者の熱さに「すごい」と感服した。東京で叩かれまくっている田中を、地元の民衆は必至で守っている。受けた恩義は消えないものなのだ。

やがて泉も、市長2期目の暴言事件で職を辞したあと、駅頭で再登板の署名活動をしてくれた若い母親や、地元の支援者に守られ、再選される。田中角栄的な地元との絆を痛感するのだが、まだ20歳。雪をも溶かしそうな越山会の熱情に触れて東京に戻った。

「自己陶酔の運動ではいけない。大勢の共感が必要だ」と泉は仲間に説いて回る。

戦いに敗れて退学届を出す

中曽根政権は、教育改革に着手し、大学の国際化、情報化に力を入れた。大学をモダナイズしたい中曽根は、参議院議員の大学寮充実に関する質問主意書への答弁書（83年11月29日付）で、老朽化した寮の建て替えを明言している。以下、引用しておこう。

「国立大学における共同生活を豊かにするための施設については、寮生のみの施設を整備するのではなく、大学会館、合宿研修施設、課外活動共用施設及び学内食堂を整備充実しているところである」。寮と他の会館や施設との一体的な整備が透けて見える。これは学生運動の拠点だった寮の解体と読み取れる。

「国立大学の学寮の整備については、（略）当面は、既設大学における老朽寮の建て替え及び新設大学における学寮の整備を行うこととしている」

建築後、約半世紀が過ぎた駒場寮の老朽化は進んでいる。いつ建て替えのターゲットにされても不思議ではなかった。

泉が東大教育学部4年のとき、大学側が廃寮の方針を示した。当然、泉は反対したが、慎重に対応したかった。じつのところ、大学からの経済的支援が減らされ、寮の廊下などは照明が消えて真っ暗だった。泉は大学と真正面から衝突してストライキを打っても得策ではない、と考える。相手は総理大臣である。総理直轄の教育改革組織、臨時教育審議会の議論を背景に大学寮のスクラップ・アンド・ビルドの流れができつつある。駒場寮などちっぽけな存在だ。力業でこられたら闘いにならない。泉は大学当局との手打ちも視野に現実的な解決方法をさぐった。

しかし、周囲の学生は先鋭化していった。泉が大学の支援がないと電球も買えないのだからよく考えようと語ると「リーダーのくせして、たかだか電球一つで日和るのか。根性なし」と反撃を食らった。カチンときて「何を。もう一遍、言ってみろ。誰が日和ったんや」と泉も頭に血が上る。

「おまえら、ほんまに闘うんか」と聞き返した。

「闘うぞ。真っ向勝負だ」

「だったら突っ込んでいくが、もしも負けたらどうするつもりや」

「そのときは、大学なんか辞めよう」

「よし、わかった。辞めるんやな。突っ込んでいくぞ」

こうして泉は、実行委員長としてストライキを打った。

だが、懸念していたとおり、大した効果も表れず、大学当局の態度は変わらなかった。完全な負け戦である。泉は退学届けを教養学部長で物理学者の小出昭一郎に渡した。小出は反核運動家で、「九条科学者の会」の呼びかけ人でもある。泉の退学届けを受理せず、「預かっておこう。また戻ってきなさい」と応じてくれる。が、泉は寮を出て、そのころに住んでいた板橋の下宿を引き払い、重い体を引きずって明石に帰った
ふと、後ろをふり返って仲間たちをみると、誰も退学届けを出していなかった。

負けたら辞めるとあれほど誓ったはずなのに……。

裏切られた悔しさで一切の連絡を絶った。負け戦に挑むのはヒロイズムだ。本人が酔うだけで誰も救われない。勝ち取るものを勝ち取らなくては世のなかは変えられない、と痛切に思い知らされた。泉は孤独感にさいなまれ、人との会話が成り立たなくなった。正しいだけでは人はついてきてくれない。心に深手を負った。

半年後、ようやく東京に戻って復学し、１９８７年に卒業してＮＨＫに入った。

ＮＨＫに入ったものの……

泉はＮＨＫ福島放送局に配属され、ディレクターの一群に加わった。差別と貧困を世のなかからなくしたいと説き、障害者の作業所への取材を企画したが、朝のニュース枠には向かないと却下される。そこで猪苗代湖に飛来して冬を越す白鳥の里親になりませんか、とキャンペーンを張った。障害を持つ子どもから「白鳥が好きです」と手紙が届く。手紙を書いた本人にインタビューをして「心あたたまる」話題を提供した。

が、しかし、頭のなかは社会変革と政治のことでいっぱいだった。報道はあくまでも報道であり、直接的に社会問題を解決できるわけではない。こんな仕事をしていていいのか、と自問し、わずか１年

NHK 記者時代の泉

でＮＨＫを辞めてしまう。理由は「選挙に出るため」だった。89年には3年ごとに半数を改選する参議院選挙、91年に明石市長選挙が予定されていた。

泉は、選挙準備のために明石に帰る途上で、退学届けを預かってくれた小出を訪ねた。ＮＨＫを辞めて選挙に立つので応援してほしい、と図々しく頼むと、小出はその場で１００万円をカンパしてくれる。それを持って実家に帰った。

両親は、「せっかく入局できたＮＨＫを辞めてきたのか」と激怒した。

父の秀男はあきれ返って「おまえは、いったい何をしたいんや」と息子に尋ねる。

「選挙に立候補して、政治家になる」。泉は父の顔を見すえて答えた。

秀男は、寂しげなまなざしを向け、心に留めていた「夢」を語った。

「うちには金があらへんから無理や。わしの夢は、これまでずっと、おまえに好きなことをさせることやった。自分は好きなことができん人生やったから、せめておまえには好きなことをさせてやりたかった。漁師をせんでええようにして、東大にも入らせた。そやけど、政治家にはさせられへん。勘弁してくれ。わしには金がない。肩書もない。政治は汚い世界や。金があらへんと無理や」

「僕には考えがある」と泉が反論しようとすると、父は「ちょっと待て」と手で止めた。

「どないしても政治家になりたいのやったらな、おまえは働いて出世して金を稼いで、社会的な評価も得て、おまえの子どもらが政治家になるのを応援してやれ。人は上にいくには階段を一つ一つのぼるしかあらへんのや。わしの代ではおまえを東大に行かせた。一つ一つや。おまえは子どもが政治家になりたいと言ったら、その夢をかなえてやれ」

秀男は政治が嫌いだった。袖の下が当たり前、保育所に子どもを入れるにも地元の議員に金を積むような習慣が厭わしくてならなかった。金、金、金の政治がどれだけ庶民の暮らしを苦しめているか……。

海で体を張って生きてきた父は打算まみれの政治を嫌悪していた。

泉は「金がのうても選挙で勝つ方法がある」と、あたためていた秘策を父に伝えた。

それは頭でっかちで、血気盛んな青年が思い描く、推理小説もどきのストーリーだった。ある大手企業の経営者を丸め込んで組織ごと味方につけ、有名な大学に入り直して学生を手ごまに使う。金も看板も鞄も、そっくり乗っ取ってしまうような策略であった。

息子の話を聞いた秀男は、阿修羅のごとく怒り狂った。日ごろ穏やかで、争いを好まない父が、初めて憤怒の形相で息子をなじった。

「房穂、おまえは、何とよこしまなやつや。頭がおかしい。気ぃ狂うたのか。人の道を外れとる。わしは、そんな人間に育てた覚えはない。おまえをそんな人間にするために大学に行かせたんちゃうど。頭冷やして考えんかい」

泉が引き下がらず、なおも自説を述べ立てると、秀男は実力行使に出た。

「おまえは人の道を踏み外しとる。東京に帰れ。東京に帰るまで、わしは動かん。飯も食わん」。そう言ったきり、秀男は家の奥の部屋にこもった。食事を拒否し、漁にも行かなくなってしまった。小夜子が心配して「お父ちゃん、ご飯は食べて」と盆に食事を載せて運んでも「食わん。房穂が東京に帰るまで、わしはここを動かん」とハンガーストライキを貫く。海にも出ず、1日、2日と父はものすごい迫力で、横道に逸れそうな息子の軌道修正を試みる。長く、食事を断つと危険だ。命がけの説諭であった。

本屋で手に取った一冊の本

ついに泉は立候補を断念し、88年5月の連休中に東京に戻った。

手を伸ばして、つかみかけた「政治」は指の間から浜辺の砂のようにこぼれ落ちる。

路頭に迷いかけて、なんとなく汗をかいて働きたくなった。心と体のバランスが崩れかけていた。新宿区の高田馬場駅の近くにあったパチンコ店の清掃アルバイトを始める。朝5時から開店前の10時まで、ひたすら床にモップをかけて汚れをとる。フロアにへばりついたチューインガムを、一心不乱にヘラで擦ってはがす。小一時間も経てば、体から汗が噴き出る。まさに「地べたからやり直そう」とした。

しばらくの期間、モップ掛けをしていると、テレビ朝日の「朝まで生テレビ!」が番組制作スタッフを募集していると友人が教えてくれて応募した。採用され、「天皇制と愛国心」「原発の是非を問う」などの番組企画に携わり、六本木のアークヒルズに通う。

「朝まで生テレビ！」の当時のスタッフは、泉の印象をこう語る。

「泉房穂さんのテレ朝時代は、よく言えば元気でしたね。色々噛みついていました。サブ司会だった丸川珠代さん（現・自民党参議院議員）の発言に『それは違う』と言って怒らせたりしていた。契約スタッフ（ＡＤ）でしたが、企画会議ではいつもアルバイト頭だった東大大学院生とディレクターの頭越しに議論していましたね」

テレビ朝日では、「ニュースステーション」の取材にも加わる。忙しく、あちこち飛び回れば飛び回るほど、歯がゆさが募った。外から報じるのではなく、政治の現場にもっと近づきたい。世のなかを変える具体的な力を発揮したい。政治の当事者でありたい。一度きりの人生なのに、おれは……と悶々としていたある日、高田馬場の芳林堂書店で一冊の本を手に取った。

『つながればパワー　政治改革への私の直言』（創樹社）。著者は石井紘基。社会民主連合の事務局長で、国会議員を目ざしている人物だ。石井はモスクワ大学に6年間留学しており、「国際化」とは何か、と問いかけるところから書き起こしている。

石井の政治意識は「国際化」にとどまらず、「高齢化社会にどう備えるか」「公正な社会に向かって」「〝永田町政治〟を撃つ」、そして「つながればパワー――市民的政治勢力のパワー・アップを」

と続き、「私は政治をこう変えたい」「企業戦士よ、子どもたちのところへ帰ろう」と結ばれる。市井に生きる人びとが政治に参画し、社会を変える道筋が書かれていた。泉は感激し、すぐに買って、むさぼるように読む。

人生を変える一冊だった。「差別」と「貧困」をなくし、子どもを応援する社会をつくりたい。政治の高い頂は見えているのに登り口がわからず、立ち往生していた泉は、大切な道標を手に入れる。青春の彷徨に終止符が打たれ、人生は大きく転換していった。

4章

「人権派」兼「武闘派」弁護士

石井紘基の選挙運動に飛び込む

テレビ朝日の番組ディレクターをしていた泉は高田馬場の書店で買った「つながればパワー」を読了し、石井紘基という著者名に「こんな人もおるんや」と感嘆した。意識を高く持ち、有力政治家に媚びるのではなく、ふつうの市民がつながって社会を変えていく。政治家の本がごまんとあるなかで、庶民が立ち上がって社会変革を遂げるストーリーを書いたものは珍しかった。

石井は1960年の安保闘争を機に政治家を志している。中央大学法学部の学生だった石井は国会に突入するデモ隊の先頭にいた。ほとんどの国会議員が逃げだすなか、白髪の男性議員がデモ隊の目の前に出て、騒乱の最前線で警官隊を抑える姿を見て感銘を受ける。日本社会党書記長の江田三郎だった。

石井は江田に傾倒して社会党の活動に加わり、モスクワ大学大学院に6年間留学。現地で知り合ったナターシャと結婚をした。帰国後、娘のターニャが生まれる。

江田三郎が、1977年に社会党を離党すると後を追った。江田の急死に直面し、裁判官だった息子の五月に「親父のあとを継げ」と迫り、参議院選で当選した五月の秘書を務める。菅直人や五月らと社会民主連合を結成し、事務局長として組織を支えてきた。

ちょうどソ連では、最高指導者のミハイル・ゴルバチョフが長い社会主義政権下で溜まった官僚制の澱を一掃しようと、政策、経済の意思決定を分散して効率化を図るペレストロイカ（再構築）や、言論・報道の自由を認めるグラスノスチ（開放）を推進していた。日本のメディアは、ソ連の変貌を上から目線で「よくやっている」と褒めている。

しかしソ連を知る石井は日本もソ連と似た官僚制がはびこっていると著書に書いていた。

「日本ほど官僚主義が根を張り、国民はそれに従わされて生きている国というものも珍しいのではなかろうか。一般の、下級公務員のことを言っているのではない。政・官・財の癒着がこれほどまでに制度化し、しかも、なかでも官僚のほうが政策上のイニシアティブを握っている国というのは、私の知るかぎり先進国では日本だけである」

ここが石井の政治の原点だった。官僚主義を批判し、政官財の癒着構造をあぶりだして解体し、市民の側にパワーを引き寄せる。政治改革のテーマを、そう定め、石井は次の衆議院選挙に立つ準備にとりかかっていた。

泉は、一読者として手紙をしたためる。「あなたのような人にこそ政治家になってもらいたい。本気で応援させていただきます」と書いて送った。感激をそのまま文字にした。

間もなく、石井本人から「お手紙ありがとう。ぜひ会って、話を聞かせてください」と返事が届く。びっくりした泉は、指定された「こまばエミーナス」（国民年金保養センター・のち閉鎖）の喫茶店に赴いた。初対面の石井は、いきなり「泉くん、本気で選挙を手伝ってもらえないだろうか」と切り出した。

「石井さんぐらいの方なら、他にサポートしてくれる人がいるでしょう」と泉は訊く。

「じつは、私には何の組織もないし、本気で選挙を手伝ってくれる人はまだ見つかっていないんだよ」。石井は親子ほど齢の離れた泉にありのままを打ち明けた。

こんなに志が高い人に選挙スタッフもいないとは……。

泉は驚きながらも、石井の真っ正直な依頼を意気に感じ、即答する。

「わかりました。わたしが必ず当選させてみせます」。使命感にあふれる、この人を政治家にしたい、当選させたい。石井を当選させなくては自分も政治の世界には足を踏み入れられないと感じた。泉は石井の秘書につこうと腹をくくる。すぐにテレビ朝日の「朝まで生テレビ！」のプロデューサー・日下雄二に会いに行った。

日下に事情を説明し、ディレクターを辞めたいと伝える。幼いころから社会を変えようと生きてきた思いのたけを語った。日下は、熱弁を聞き、ぼそりと言う。

「泉、おまえは将来、権力を取るかもしれん。でも絶対に権力に使われるな。権力を使え」日下の言う「権力」とは、この国の根幹を握る「官僚機構」であろう。テレビ業界に見切りをつけ、政治の世界に踏み出す泉への、精いっぱいのはなむけの言葉だった。

泉は、住み慣れた高田馬場のアパートを引き払い、石井の自宅に近い世田谷区三軒茶屋に引っ越した。毎朝6時ごろに石井を起こしに行き、世田谷区内の駅前で街頭演説を行なう。石井がマイクを握る横で泉がビラを撒く。お世辞にも石井の演説はうまいとは言えなかった。「石井さん、もっとはきはき喋ってくださいよ。当選する気あるんですか」と直言する。遠慮して選挙に勝てるはずがない。口が悪いのは生まれ性だ。

まだ中選挙区制の時代だった。石井が立つ衆議院東京3区の定員は4人。革新系の強い土地柄ではあるが、自民現職の2人も手ごわい。公明党は創価学会の組織を使って、ぜがひでも1議席とりにくる。知名度の低い石井は泡沫候補のように遇された。社会党の新人候補と票を食い合うのは明らかで、少しでも名を売らなくてはならない。

泉は、講師を務めていたマスコミセミナーの学生を手足のように使い、ポスターを貼らせ、ビラを撒く。90年2月3日、衆議院議員選挙が公示された。社民連の公認候補の石井は泉に選挙運動を仕切らせた。泉の指示どおり街頭に立ち、集会を開いて官僚政治打破の改革を訴える。石井は4番目の議席を奪おうと猛追した。

2月18日の投開票日、泉は社民連のスタッフに「黙ってついて来い」と促され、神奈川県下の旅館に入った。積極果敢な選挙運動が公職選挙法に抵触するのではないかと案じたスタッフが、泉を隠したのである。何も知らされないまま泉は宿に3日間こもって、開票状況を見守る。石井は5万882票を取った。健闘している。が、公明党の新人に1万4000票以上の差をつけられ、次点に甘んじた。

安宿のすり切れた畳の上で、「はぁーーっ」と泉は深いため息をつく。

できれば石井のそばで落選の悔しさをかみしめ、「捲土重来を期して次の選挙に挑戦します」と言わせたかった。泡沫候補扱いからスタートして5万の票を獲得したのは、予想外ともいえる。学生中心の運動でここまでできたのだから、次回は必ず、と決意を固めた。東京に戻った泉は、居酒屋で石井とサシで向き合あった。

「君は弁護士になりなさい」

「力不足で、当選させられなくて申し訳ありませんでした」と詫び、「次こそは必ず当選しましょう。僕もがんばります」と率直に言う。石井は、思いもよらない返答をした。

「泉くん、ありがとう。気もちはとても嬉しいけど、若いきみを、これ以上、わたしのそばに置いて引っ張れないよ」。一瞬、石井に切られるのか、と泉は強ばった。

「司法試験を受けて、弁護士になりなさい」

泉は面食らった。

「ええっ。教育学部卒で、法学部じゃないですよ。だいたい法律やルールなんて嫌いやし、興味もありません」。石井は諄々と諭した。

「きみはまだ若い。世のなかのことをもっと知らなくてはいけない。弁護士になって、明石に戻って、ちゃんと人のために尽くしなさい。そして人から担がれて選挙に出るようにしなさい。きみは40歳ぐらいで政治家になるだろう。それでいいんだ。急いではいけない。しっかり仕事をしておきなさい」

50歳目前の石井は、26歳の泉を親心で説き伏せる。

「選挙というものは、人がいいとか、悪いとかで当落が決まるものではないんだよ。選挙は、どんなにがんばっても落ちるときは落ちる。多くの議員は落ちるのが怖くて、志を失い、節を曲げる。人は弱い生きものだ。弁護士の資格を取って、落ちてもやっていける体制をつくりなさい。人に尽くして、信頼を得て、担がれるようになりなさい」

「そういうもんですかね。司法試験は受けたら通りますかね」

「大丈夫だ。きみなら、すぐに通るよ」

石井にそう言われ、泉は、人生の照準を「弁護士」に定め直した。「すぐに通る」のなら一丁やってみるか、とやや軽く受けとめ、軌道を修正をしたのだった。

もちろん司法試験は、「すぐに通る」ほど甘いものではなかった。

まず、初めて六法全書を開いて条文に目を通したところで、泉の頭と心は拒絶反応を起こした。条文を読めば読むほど、障害者や犯罪の被害者、困窮している社会的弱者への配慮が感じられず、

「誰や。こんな冷たい条文を書いたやつは。貧乏人をバカにしやがって」

と、腹が立った。

民法は明治憲法の家族主義の影響が強く、子どもの権利にはまったく触れていない。財産権ばかり強く保護している。どこを読んでも金持ちが優遇されていた。不公平な内容が嫌でも目につく。

たとえば、強盗に比べて強姦（強制性交）の処罰はあまりに軽い。強盗致傷罪は無期または6年以上の懲役なのに対し、強制性交罪は5年以上の懲役とされているが、3年に減刑されて執行猶予がつくのも珍しくない。金を払って示談が成立したら不起訴処分もある。世襲政治家が女性を犯してのうのうと生き、議員バッジをつけていると囁かれる。

冷酷で理不尽な条文が厳然と存在している。法律が権力をしばる「法の支配」は絵空事のようだが、司法試験の受験生たちは寝る間も惜しんで六法全書を丸暗記する。その隊列に自分も加わったのが惨めで、「赤ペン入れて条文を直したろか」と憤りながら勉強した。

もっとも、法律に嫌悪感を持って対峙していたらなかなか頭に入らない。腹立たしい法律のなかにも、燦然と輝きを放つ条文もある。弁護士法第一条だ。

「弁護士は、基本的人権を擁護し、社会正義を実現することを使命とする」

この条文に体が震えるぐらい感動した。泉は発想を転換する。世のなかの不合理さ、社会の冷たさの一因は法律にある。間違った法律を正さなくては社会を変えられない。そのためには法律を十分知る必要がある。悪法も法なり、その実態を把握しなくては先に進めない、とややポジティブに頭を切り替えた。

だが、……司法試験は難しかった。家庭教師のアルバイトで食いつなぎ、1年目、2年目、3年目と挑戦したが、通らない。

恩師の石井は、93年の衆議院選に、元熊本県知事・細川護熙が結成した日本新党から立候補し、トップ当選した。新党ブームにうまく乗ったのだ。自民党は単独過半数を取れず、非自民・非共産8党派連立の細川政権が樹立される。それまで38年間単独政権を維持してきた自民党は、初めて下野した（55年体制の崩壊）。

日本の政治が歴史的なカーブにさしかかり、そのまんなかに石井は入った。

泉は石井の当選祝いに駆けつけ、「おめでとうございます」と手を握った。礼を述べる石井に「ちなみに、僕はまだ司法試験、通ってませんけど。すぐ通るっておっしゃいましたよね」と自嘲気味に皮肉った。「ああ、ごめん。がんばれよ」と石井は頭をかく。

翌年、4回目の挑戦で泉は司法試験にパスした。受験者数1万9408人、合格者740人。合格率3・81％の難関を突破している。石井は大きな花束を抱えて祝いに駆けつけ、破顔一笑した。師弟ともに人生の高いハードルを越え、以心伝心、喜びに浸った。

10年ちかく絶交状態だった東大時代の仲間も合格祝いで集まる。学生運動を統率した泉は、「負けたら大学を辞める。退学届けを出す」と仲間たちと盟約し、大学側の駒場寮廃止の方針に反対してストライキを打った。精いっぱい突進したが、まったく効果はなく、敗れ去る。約束どおり退学届けを出したのは、泉だけだった。周囲の裏切りを許せず、泉は一切の連絡を絶つ。金輪際、あいつらの顔は見たくない、と……。

「おめでとう。お祝いをさせてほしい」と仲間の一人から連絡があり、内心、わだかまりが消えてはいなかったが、いつまでも拒むのも大人げないと受け入れた。

スペインや、韓国、世界各地の赴任先や出張先から仲間が集合した。

「泉に謝りたかった」「ごめん」「申し訳なかった」「すまなかった」と皆、口々に詫びる。いまさらながら、泉が真っ正直に退学届けを出すとは思っていなかったと言う。

仲間たちはリーダーの行動に青ざめ、1年遅れで大学を出た泉のその後が気になって仕方なかった。風の便りにＮＨＫを辞め、テレビ朝日に潜りこんだらしいと聞いたが、行方知れず……。それぞれが罪悪感にとりつかれ、いつか泉に謝罪したいと願っていたのだった。司法試験の合格は、人と人の関係に安堵感をもたらす。もちろん、一番喜んだのは、故郷、二見で毎日、漁に出ている両親だった。

司法研修所でもリーダーシップを発揮

95年春、泉は、埼玉県和光市の新築間もない司法研修所に向かった。司法試験に合格しても、すぐに弁護士の資格が与えられるわけではなく、司法修習が必須である。泉は、第49期司法修習生の一員となった。

この当時、司法修習期間は2年間だった。最初に前期修習4か月間、司法研修所で実務の基本知識を学ぶ。その後、全国の裁判所や検察庁、弁護士事務所で、民事裁判・刑事裁判・検察・弁護について4か月ずつ実務修習を受ける。最後に司法研修所に戻って4か月間、後期修習で実務の基本的能力を身につけ、さらに「司法修習生考試（通称：二回試験）を受けて合格すれば、弁護士、判事、検察官の資格を得られる。現在、司法修習期間は1年に短縮されているが、基本的な行程は変わっていない。

95年は1月に「阪神・淡路大震災」が発生し、犠牲者は6434人に達した。3月にはオウム真理教徒による「地下鉄サリン事件」が東京で起き、乗客や駅員ら14人が亡くなり、負傷者は約6300人に上った。法曹界の入り口に立った若者たちは激しく揺れる社会からさまざまな刺激を受けていた。

泉は、500人ちかく集まった司法修習生に障害者のボランティア支援を仕掛けた。司法試験の勉強ばかりしてきた頭でっかちの修習生が、障害者の実情も知らずに弁護士や裁判官の任に就くのは気がかりだ。何とかして障害者との接点をつくりたい。たまたま司法研修所のすぐ横に知的障害者支援施設があった。

そこで一計を案じる。司法修習は12のクラス単位で進められていた。それぞれのクラスの容姿端麗な女性に「名前だけ貸して」と頼み、障害者支援サークルの呼称に使った。1組では「景子」、2組に「明菜」、3組「静香」といったあんばいで借りた名をサークルに冠してボランティアを募集した。

するとくるわくるわ、勉強三昧で異性との出会いがなかった男性修習生が続々と手を上げ、サークルには140人ぐらい集まった。読みどおりだ。「わかりやすいやつらやな」と泉はほくそ笑む。東大男子学生と女子大生「100対100」合コンを企画した腕は錆びついてはいない。泉はローテーションを組んで司法修習生を障害者施設に送り込んだ。

司法研修所では、座学だけでなく、クラスの懇親会やスポーツの対抗戦も開催された。ラグビーの試合でひと際目立っていたのが、のちに大阪府知事、大阪市長を歴任する橋下徹だった。泉もラグビーはお手の物で、フォワードの主軸で走り回った。講義のあと、泉と橋下は一緒に汗を流し、終わったら居酒屋で飲んだ。橋下はボランティアに興味はなく、社会観は泉とは水と油だったが、なぜかウマが合った。

「貧乏自慢」が、ひとつの接着剤になったのかもしれない。母子家庭で育った橋下も泉と似たような貧しい子ども時代を送っている。あるとき、大学の学費をどう払ったかが話題にのぼり、泉が奨学金、橋下は「革ジャン」と答えた。橋下は金持ちのボンボンから古い、穴の開いた革ジャンを安く仕入れ、修繕せずに高く売って稼いだ。この学生ビジネスで250万円の不渡り手形をつかまされ、悔しくて法律の勉強を始めたのがきっかけで、弁護士を志したというオチもついている。橋下の世間を渡る馬力は並外れていた。

「社会正義」と「金儲け」の二刀流弁護士

泉は、97年に司法修習を終了して修習生の最終考試をクリアし、晴れて弁護士の仲間入りをした。弁護活動を始めるに際し、ふたつの誓いを立てる。まず、明石市長選挙への立候補も視野に入れ、2000年に地元に弁護士事務所を開こうと決めた。2000年に介護保険法が施行されるのに合わせて「成年後見制度」もスタートする。そこに着目した。

成年後見制度とは、認知症や知的障害、精神障害などで判断能力が不十分な人の財産管理や身上監護を、代理権や同意権・取消権が与えられた成年後見人らが行なうしくみだ。家庭裁判所が成年後見人を選ぶ「法定後見」と当事者があらかじめ後見人を選んでおく「任意後見」がある。障害者や高齢者、社会的弱者の支援には成年後見制度の利用が欠かせない。泉は、事務所を明石に開いて家裁と緊密に連絡をとって、「基本的人権を擁護し、社会正義を実現する」弁護士の活動を展開して、市民の信頼を培って市長選挙へ、とシナリオを描いた。

もう一つの決め事は、泉独特の「8倍ルール」だ。社会的弱者のための正義の弁護ではお金を取れない。タダで受けるケースもあるだろう。その分、別のところで稼がなくてはならなかった。泉は、他の弁護士の「半分」の費用で弁護を引き受け、一般的な弁護士の「2倍」の丁寧さで仕事を行ない、儲けは「2倍」にしようと自らに課す。

つまり、半分の費用だから2倍働かなくてはいけない。丁寧さも2倍、儲けも2倍で、2×2×2の8倍という理屈だ。とにかく猛烈に働こうと心に期した。

儲けを増やすにはコツがあった。それは「社会正義」か「金儲け」か、はっきり割り切り、中間の弁護はせず、顧客を増やすことだ。

一例をあげれば、交通事故に遭った障害者の損害賠償交渉は自腹を切ってやる。正義の弁護を徹底し、弱い者の味方と評判を高めて、顧客を増やす。

その一方、大企業相手の損害賠償や、医療過誤の病院への高額要求案件では訴訟を提起して賠償金をガッポリ勝ちとる。1億円の裁判なら1割上乗せで1000万円の弁護費用はしっかりいただく。全体を見れば、顧客を増やして平均の何倍もの依頼を受け、そのなかの正義と金儲け、両極端の仕事に手を伸ばして8倍ルールを貫徹すればよい。

と、書くのは簡単だけれど、裁判で勝つには高度な訴訟技術が求められ、正義をまっとうするには血のにじむような努力が必要であった。

泉が初めて担当した国選弁護は、妻子持ちの窃盗常習犯の事件だった。被告人は10数件の余罪を自白し、すべての被害者への詫び状を書いていた。

これに対し、警察は被害額が大きく、証拠が明らかな2件だけの立証で済ませようとしていた。泉は警察に乗り込み、署長に訴える。

「被害者が10数人いるのにごま化さないでほしい。すべての被害者と示談をするから、他も調べてください。被害者全員に謝って、賠償して、許してもらってこそ、加害者の未来がひらけるのではないですか」

国選弁護人に、ここまで熱く語られたら警察も動かずにはいられない。泉は、被告人の妻と被害者の一人ひとりの自宅に足を運び、全件の示談をまとめる。この事件の担当裁判官は、偶然にも司法修習で指導を受けた刑事教官だった。公判後、裁判官は新米弁護士にこうアドバイスした。

「泉くん、気もちはわかるけどな、やりすぎや。そんなんやと弁護士生活たいへんやから、やめとき」

とっさに「いえ、やりますよ」と泉は返した。罪を犯した者の再起は、警察や弁護士が中途半端にごまかすからうまくいかないと思った。その後、担当した被告人は再犯せず、家族と暮らしているという。

実際に弁護士の仕事に携わり、六法全書に「赤ペン入れて直したろか」と憤った矛盾がより鮮明に見えてきた。

離婚の調停では、父親と母親の間で世話をしていて、「子どもが泣いているのに、どうして子ども の話を誰も聞かんのや」と不思議でならなかった。まわりの弁護士に「親のせいで、なんで子どもが不利益を被るのか。おかしいやろ」と問いかけても「そういうもんだ」と関心を示さない。他の先進国を調べると、親が勝手に離婚届を出し、子どもを荷物のように連れ去るのは日本だけだった。おまけに父親が約束した養育費を払わなくても罰せられず、平然と暮らしている。

他の先進国では、米国には養育費の不払いへの罰則があり、北欧には養育費の立替金のしくみがあった。泉は、離婚の調停では必ず子どもに「離婚をどう思う？」と聞き取るよう心がけ、養育費の不払いへの対応を考えた。のちに明石市長に就任して、養育費の立替払い制度を立ち上げる素地は弁護士生活をスタートした時期にできている。

法が現実にそぐわない、第二の大矛盾は、犯罪に遭った被害者への支援のなさだった。泉は殺人事件や、交通事故を起こした被疑者にも国選弁護人としてついた。被疑者本人は逮捕されているので、被害者の通夜や葬式には出られない。代わりに泉が参列する。

「あんた、誰や」と受付で誰何され、

「弁護士です」と応じ、被害者家族の刺すような視線を浴びながら焼香を済ませる。

再婚した夫婦の間の児童虐待で、連れ子が亡くなるむごい事件の弁護も担当した。お通夜に行き、泉は、亡くなった子の母親、祖父母に土下座をして詫びた。とても許されるような状況ではなかった。そのとき、なぜ、殺した側の加害者に自分のような弁護士がいて、絶望の淵にいる被害者の側に誰もついていないのか、不可解でならなかった。犯罪被害者や家族は心身に多大なダメージを受け、経済的にも追い込まれ、世間の好奇の目にさらされる。なかには、生活苦と偏見に耐えかねて自殺したり、一家離散したケースもある。

確かに刑事事件の裁判は、国家権力（警察官や検察官）と被疑者（被告人）の争いとなり、権力側の強引な取り調べや、証拠の隠蔽、捏造などによる冤罪の恐れもある。国家権力の過ちをチェックするには弁護士が欠かせない。とはいえ、被害者側にも「寄り添う」弁護士が求められているのではないか。そういう議論がほとんどなかった。

欧米諸国には、被害者とその家族への精神保健上のカウンセリングや治療、補償金の支払い、生活扶助の制度が用意されている。日本にも、1974年に起きた「三菱重工爆破事件」を受けて「犯罪被害者等給付制度」が80年に設けられ、95年の地下鉄サリン事件以降、やや拡充されていたが、金額（遺族給付金2500万円弱）も含めて不十分だった。

泉は、総合的な犯罪被害者支援が必要だと痛感し、これも行政の課題と心に刻む。

第三の矛盾は、知的障害のある人が万引きや無銭飲食といった微罪を犯すことへの対応だ。知的障害があっても万引きすれば捕まり、刑務所に送られる。刑期を終えて出所しても生活が立ち行かず、また万引きや無銭飲食……と何度もくり返す。泉は、知的障害者が犯す微罪の全体像をとらえて対策を考えた。

世界的にみると、知能指数（ＩＱ）70以下の知的障害のカテゴリーに入る人は人口の約２％といわれている。ざっくり日本には約２００万人の知的障害者がいる勘定だが、国がつかんでいる数は１０８万2千人（厚生労働省「生活のしづらさなどに関する調査　２０１６年」など）。把握できていない知的障害者の多くが周囲に気づかれないまま、生活に困って万引きや無銭飲食をして、刑務所に入っている。万引きをくり返せば、常習累犯窃盗罪という重い罪に問われ、次に缶ジュース一本を盗っても2年の懲役が科せられる。

しかし、そもそも知的障害のある人は、生活力が弱いのだから処罰し、反省させても効果は薄い。処罰と反省で生活力が高まるわけではない。では、何が必要なのか。

支援である。現実には、万引きをした人の知的障害に誰も気づかず、適当な調書が作成されて裁判が進む。「この人が、こんな供述調書の文章を理解できるわけがない。誰が書いたんや」と泉はあきれる。しょせん万引きや無銭飲食だから調書も適当だった。

結果的に微罪の反復で、常習累犯窃盗罪に問われて収監されてしまう。１５００円の無銭飲食で量刑は2年。受刑者を1人刑務所に収容すると年間約300万円の公金が費やされるという。他方、生活保護費の1人当たりの年間平均受給額は約170万円。どちらが財政的に妥当か、難しい計算をしなくてもわかるだろう。知的障害があって微罪をくり返す人は生活保護で支え、食べていける道をひらくほうが先決ではないか。

この問題も泉は政策課題のラインナップに加え、2000年、明石に念願の弁護士事務所を構えた。

恩師・石井紘基刺殺事件の闇

その凶行は、何の前触れもなく、突然、起きた。02年10月25日午前10時35分ごろ、東京・世田谷の自宅を出た民主党の衆議院議員、石井紘基は、秘書が運転する公用車に乗り込もうとした。そこにグレーのジャンパーを着て、頭にバンダナを巻いた50歳ぐらいの男が無言で近寄り、石井の胸と顎、左手を刺した。

「なんだ！　なんだ！」と石井が叫ぶ。

男は立ち去りながら路上に凶器の包丁を投げ捨てた。

間もなく、「たすけて。救急車まだなの」と妻ナターシャの声があたりに響いた。

近所に住む女性看護師が駆けつけ、応急手当をした後、石井は目黒区の医療センターに救急搬送される。すでに心肺停止状態で、午後0時5分に死亡が確認された。近所の住民が、午前8時50分ごろ、石井の家の様子をじーっとうかがう不審な男を目撃していた。

その日、石井は世田谷区内で支持者と会ってから国会に向かう予定だった。3日後には国会質問が組まれている。そのために国会に提出する書類を鞄に入れて石井は玄関を出た。けれども、現場に残された鞄に書類はなかった。杳として消えたまま見つかっていない。石井の中指は切断されている。鞄を開けるのに指が邪魔になって切り落とされたのではないか、と法医学者は推察している。

翌26日、右翼団体の代表が警察に出頭し、逮捕された。「生活に困り、家賃の工面を断られたために仕返しでやった」と被疑者は供述し、起訴されて無期懲役の判決が下される。

が、しかし、石井の刺殺事件には多くの謎が残されおり、口封じの見方が根強くある。参議院議員の江田五月は「構造悪が牙をむいたのではないか」とコメントしている。それほど「権力」にとって不都合な調査を石井はねばり強く行なっていた。「政治と行政の不正を監視する民主党有志の会（民主党国会Gメン）」や、「政官業癒着監視隊」を率い、権力中枢の「カネの流れ」と「組織」の絡みを追及していた。

亡くなる直前には、ほんとうの国家予算額を財務大臣に突きつけている。日ごろ予算といえば「一般会計」ばかりが取り上げられる。だが、見えにくい「特別会計」と「財政投融資」もあり、一般会計を含む3つの財布の間を金が行ったり来たりして国家予算は構成されていると石井は説く。

02年の一般会計81兆円のうち50兆円以上は特別会計にすぐに回される。石井は3つの財布の重複部分を計算し、財務大臣の塩川清十郎にこう迫った。

「純粋の歳出は約２００兆円であります。わが国の予算は２００兆円でありますから、どうぞ、財務大臣、ご認識をいただきたいと思うのであります。こういうような議論、これはアメリカの連邦政府の予算にほぼ匹敵するというか、アメリカの連邦政府の予算よりちょっと多いぐらいの規模でございます」（02年6月12日衆議院財務金融委員会）

そして、ＧＤＰ５４０兆円のうち中央政府の歳出が39％も占める国は先進国では日本以外に例はないと述べる。つまり権力が市場を支配し、財政の乗数効果が発揮されない。そうした状態で、税と保険料の国民負担率は上昇しつづけて限界に達し、国の隠れ蓑のような特殊法人がさらに重圧を加えると論破した。

「財務省の数字では、潜在的な負担率も含めて国民負担率は48％。しかし、これは特殊法人等から生ずる負担がカウントされておりません。財務省が昨年9月に出した特殊法人等による行政コストは、年間15兆5千億円ぐらい。これらを含めると、国民負担率、たとえば電気、ガスや水道なんかの公共料金、運賃や何かも含めて、特殊法人によって、このコストが乗ってくる。将来にかかるコストと、日常的にかかるコストがオーバーラップ。こうしたものを含めた国民負担率は、60％に近づいている。日本の不安定な社会保障の実態と併せて考えると、6割近い国民負担率は異常な状況

である」（前同）

　このような限界状況をどう認識しているか、と質された財務大臣の塩川は、「ご意見としてお述べになりましたのでございますから、私が否定するようなこともございません」とあっさり認めた。

　この次の質問に石井はどんな「タマ」を仕込んでいたのだろう。特別会計と特殊法人の闇を暴く材料だったのか。あるいは……石井の最後の国会質問は、北海道・沖縄開発庁長官時代のあっせん収賄容疑で勾留、起訴されていた鈴木宗男にかかわるものだった。

　沖縄には米軍に施設用地を貸している土地所有者たちの「土地連」という組織がある。その土地連が98年8月、鈴木に地代増額の陳情をした。軍用地代を管轄する防衛施設庁（のち防衛施設庁談合事件で廃止）は、「鈴木議員の御指導を頂き3・5％を（99年度概算要求で）確保」と内部文書にも記録し、対応している。3％に留めていた伸び率を、このときは0・5％引き上げている。

　その後、土地連の事務局長が鈴木の議員会館に来訪して「200万円」を置いていった。石井はその経緯に触れ、防衛施設庁の責任を問う。

「この200万円は常識的に考えれば、値上げ率を上げた、あるいは値上げ率に関して鈴木氏が、ここの表現によれば指導した、防衛施設庁に物を言った、それに対する見返りであることは明らかなんじゃないでしょうかね。防衛施設庁は、この点については、お金のやりとりは別として、鈴木氏が値上げ率の決定に対して介入したことについては、責任を持って調査する、何がどうであったか明らかにする、その責任があると思いますよ」

防衛施設庁長官の嶋口武彦は、以前の調査を盾に石井の要求をはねつける。

「4月8日に先生の質問に対してお答えするということで徹底的に調査いたしました。その結果をまとめたのがこれでございまして、再度調査はいかがなものかと思っております」

石井は、「ことと次第によっては、そのこと自体大きく責任を問われる、こういう問題になると覚悟をしていただきたい」と質問を打ち切っている。鞄から消えた書類には、沖縄の軍用地をめぐる「ことと次第」が記述されていたのだろうか。謎は深まるばかりだ。

恩師の遺志を継いで国政に

泉は、恩師の悲報に驚き、東京へ飛んで行った。通夜、葬儀を手伝い、江田五月や菅直人と再会する。「おお久しぶり。こんな形で会おうとはな」と声をかけられ、胸がつまった。毎日、街頭演説や会議、打合せの送り迎えに通った自宅の前で、石井は殺されている。国家の不正に切り込み、テロに遭った。さぞかし無念だったろう……。

ほどなく泉は民主党の幹部連中から石井の遺志を継いで選挙に出るよう口々に説得された。もとより政界に進むのは既定路線だ。政界の実力者から誘われるのはありがたい。

だが、泉が幼少期から目ざしてきた本命は明石市長だった。大勢の国会議員の輪に入るより、首長の予算編成権と人事権を使って、明石をやさしい街に変えたい。「貧困」と「差別」をなくす、とお題目のように唱えるのでなく、実践に移したい。

泉は、03年春の明石市長選に出馬する意思を固めた。あろうことか自民党が立候補をもちかけてくる。地方政治は難しい。NPOの市民団体も出馬の要請をしてきた。自民党の申し出は断わり、市民派の候補で出ようか、と情勢をさぐった。

対立候補は、2歳下で県会議員から市長への転身をもくろむ北口寛人だった。北口の父親は市議、県議を歴任した地方政治の首領だ。

立つか、立たないか、泉は悩んだ。生前、石井は「きみは40歳ぐらいで政治家になるだろう」と先触れしていた。その40歳が目の前だ。勝負をかけようか、と身をぐっと乗りだしかけて、踏みとどまった。情勢を分析した結果、「勝ちきれない」とわかる。負け戦には挑めない。ヒロイズムに酔っている暇はなかった。1週間、考え悩んで引き下がった。

その年の秋、中央政界では、首相の小泉純一郎が内閣を改造し、党人事で当選わずか3回、閣僚も党の要職も未経験の安倍晋三を幹事長に抜擢した。野党第1党の民主党は、小沢一郎が党首を務める自由党と合流し、二大政党の形が浮き上がる。小泉は、安倍登用のサプライズ人事の後、衆議院を解散した。各政党は「マニフェスト（公約文書）」を掲げ、総選挙の戦いになだれ込む……。

民主党代表の菅直人から泉に出馬要請の電話が入った。泉は菅に腹案をぶつける。

「立候補には条件があります。犯罪被害者の支援と、離婚後の子どもの養育費が気になって仕方ありません。このふたつの政策づくりの党の責任者にしてくれませんか」

「ああ、いいじゃないか。民主党のなかでは誰もやる人がいないから、やればいいよ」。

菅はあっさり受け入れ、泉は、神戸市と西宮市で構成される「兵庫2区」から立った。有権者にとっては落下傘候補のようだ。地元の明石市が含まれる「兵庫9区」では東大の1年先輩で自民党新人、西村康稔の出馬が決まっていた。民主党の選挙対策本部は、西村と戦えば勝ち目がないとみて、公明党の赤羽一嘉の地盤である兵庫2区に泉をぶつけた。

泉は内心、「明石から逃げた」「神戸市民にも申し訳ない」と負い目を感じていた。明石市長選に出るはずが、国政に流れて市民を裏切ろうとしている。泉は決起集会をわざわざ明石で開き、「市長を断念して、神戸から衆議院選に出ることになりました。申し訳ございません」と涙を流して謝り、神戸での選挙運動に移った。

民主党への追い風が吹く。選挙区では赤羽に僅差で敗れたが、比例区で泉は復活当選した。04年、通常国会が幕を開け、新人議員の泉は国政の中心に分け入った。イラク戦争への自衛隊派遣をめぐる与野党の攻防で始まった通常国会は、春の卒業シーズンには小泉改革の個々の政策の審議に移った。

3月18日の衆議院本会議、泉は、小泉政権の司法改革の柱「総合法律支援法案」に関する質問に立った。この法案は、全国どこでも紛争解決のために法的な情報を得られ、弁護士や司法書士のサービスを受けられるよう導くものだ。

かねてより日本の司法は「2割司法」と酷評されてきた。世のなかの紛争や法律問題のうち司法の場で解決されるのは2割にすぎず、その他の多くが政治家や闇社会に頼ったり、諦めたり、うやむやに処理される。司法の情報不足や、法律の専門家の少なさ、高額の訴訟費用などが「2割司法」の要因といわれ、総合法律支援法案に抜本的な改革が期待されていた。

民主党を代表して登壇した泉は、凛とした声で質問をした。論旨は明確、しかも聴く者の琴線に触れる。水際立っていた。冒頭で「司法と国民の距離を縮める、国民に身近な司法をつくる」改革と法案の趣旨を押さえ、大臣たちにこう語りかける。

「世のなかには、泣き寝入りしかかっている方がたくさんおられます。相談したくても、近くに相談するところもない。近くに弁護士もいない。相談に行っても、納得できる相談を受けられず、たらい回しにされてしまう。また、弁護士を頼みたくても、金が高くて頼めない。そんななかで、泣き寝入りしかかっている、あきらめかけている方がたくさんいます。皆さん、そういった方々の顔を一人一人ちょっと想像して思い浮かべてください。

たとえば、交通事故で片足をなくしてしまって、将来の夢を断たれてしまった若者の顔。医療ミスで小児まひで生まれてしまった子どもを抱えて、悲しげな顔をする両親や祖父母の顔。訪問販売員にだまされ続けて、破産状態に追い込まれかねないお年寄りの顔。また、大震災で家や仕事、さらには家族までをも失ってしまった被災者の顔。犯罪に巻き込まれ父親の命を奪われ、茫然と立ちすくむ子供たちや母親の顔。

そんな顔を少し思い浮かべてみてください。弁護士として、そんな方々と向き合って仕事をしてきました。そんな方々に対して、国が責任を持って法律的に支援をしていく、これが司法ネット構想だったわけではないですか」

本会議場に一斉に拍手がわき起った。与党側の議員席も息をのむ。つづいて泉は、法案のポイントは5つある、と指摘する。「司法過疎地域の解消」「相談窓口の開設」「民事法律扶助」「公的刑事弁護」そして「犯罪被害者支援」である。これらを一つずつ、丁寧に問い質す。民事法律扶助の予算不足を諸外国と比べて論じ、犯罪被害者支援の手薄さに論点を移して一気に攻め入った。

「加害者側にだけ手厚くて、被害者側に冷たい司法であっていいはずがありません。犯人にかわって被害者や遺族のもとを訪ねていって、謝罪したり、示談交渉を申し込んだりして、被害者や遺族の顔を見るたびに思います。本当に支援が必要なのはそういった被害に遭われた方、遺族の方なのではないか、そんなふうに思います（拍手）」

「今回の法案、加害者側、被疑者についても前倒しして早い段階から税金をもって国選弁護人をつけるのであれば、せめて重大事件の被害者や遺族に対しては同様の支援体制を組むべきだと、わたしは心の奥からそう思います。国は、今、法的な支援を必要としているのは何よりも被害者や遺族の方々であるという認識をもっとしっかりと持つべきだと、心の奥からそう思います（拍手）」

「法務大臣、具体策をお伺いします。犯罪被害者支援にいつまでにどういった体制をとるのか、具体的にお答えください。また、犯罪に当たるかどうかはっきりしない場合であっても、法的な支援を必要とする場合があります。たとえば、ドメスティック・バイオレンスによる被害、ストーカーによる被害、児童虐待などの場合です。こんなときは、犯罪に至る前に、早い段階から法的な支援が必要です。犯罪を防止する視点がとっても大事です。この点、犯罪防止の見地から、どのように取り組むのか、法務大臣、お答えください」

約13分間に及ぶ質問を、泉は一切、原稿を見ず、身振り手振りもまじえてやりとおした。

法務大臣の野沢三太は、「熱意あふるる御質問、どうもありがとうございました」と応じ、答弁に立つ。その中身は2年後に創設される「日本司法支援センター（愛称：法テラス）」に丸投げだった。「支援センターは、犯罪被害者のためにさまざまな取り組みをしている組織等と緊密な連携関係を構築し、個々の犯罪被害者が、精神的ケアも含め、そのときに最も必要な援助を受けられるよう、集約した情報を速やかに、かつ、懇切丁寧に提供することになります」といった具合で、「支援センターは……」云々に終始する。法律の制定や改正には触れなかった。

周囲の泉を見る目は、この国会質問をきっかけに変わった。直接、間接に褒めたたえる声がひっきりなしに届いた。与党からも評価される。一目置かれた泉は政策提言がしやすくなり、「議員立法」に邁進した。

長年の思いを次々と法律にして行く

日本の立法（法律の制定）は、各省の官僚が与党に根回しして原案を作成し、内閣法制局の審査と閣議決定を経て国会に提出される「内閣立法」が圧倒的に多い。内閣法制局長官が法案を審査して「問題なし」と認めて押す判子を役人たちは「太鼓判」と呼んでいる。法案が成立しなくては予算も執行できない。官僚の権力の源泉はここにある。

内閣立法の法案はほぼ間違いなく成立する。２０２２年の通常国会では、61本の内閣提出法案のすべてが通っている。

これとは別に国会議員が法案をつくり、衆参それぞれの法制局が助言やチェックをして国会に出す「議員立法」も機能している。衆院では議員20人以上、参院では10人以上の議員が賛成すれば法案を発議できる。ただし、予算を伴う法律案の発議は衆院50人以上、参院20人以上の議員の賛同を要するので、少数野党の議員が法案を出すのは不可能にちかい。

議員立法の成立率はかなり低い。22年通常国会では、議員立法で提出された96本の法案のうち17

本しか成立していない。成立率は2割を切っている。

なぜ、これほど通りにくいのか。国会議員とはいえ、法律作成のプロではないので、難しいのだと思うかもしれないが、理由はそればかりではない。悲しいかな議員立法は、内閣立法の審議の邪魔をしてはいけないとオミソ扱いされているからだ。

議員立法は、内閣立法の審議が終わった後の残った国会会期中にやっと審議される。だからほぼ満場一致でないと法案が成立しない。質疑に時間がかかれば、よくて継続審議、大方は時間切れで廃案となってしまうのだ。

議員立法を成就させるのは簡単ではない。そこに泉は突っ込んだ。

じつは、泉が国会の赤じゅうたんを踏む前に、民主党は「犯罪被害者基本法」(「等」ナシ)という法案を国会に提出していた。被害者の権利や利益を守る理念を明らかにし、国や地方公共団体、その他の関係機関が被害者を支える方向を示している。

しかし、法案は与野党のぶつかり合いに巻き込まれ、審議されないまま塩漬けにされていた。膠着状態を動かしたのは、肉親を犯罪で亡くした家族らが結成した「全国犯罪被害者の会(あすの会)」であった。同会は、被害者の権利と補償制度の確立を訴え、02年2月から総理大臣への要望の署名活動を始める。

約40万筆の署名が集まった03年7月、首相官邸応接室で犯罪被害者の会の幹事3人が小泉と会った。被害者の苦悩に耳を傾けた小泉は、「そんなにひどいのか。いままで放置してきたことが問題だ。政府と党で協力して取り組もう」と鶴の一声を発した。そこから与党内で上川陽子を中心に議員立法による基本法作成が始動する。

04年6月、自民党司法制度調査会は「犯罪被害者のための総合的施策のあり方に関する提言」を発表。基本法の立法化にゴーサインが出た。

収まらないのは民主党だ。「野党が提案したらさんざん無視しておいて、気が向けば手柄を横取りするのか」と猛反発した。国会に法案が提出されたら反対して質疑に時間をかけ、審議未了で廃案に追い込みかねない激怒ぶりだった。泉は、新人ながら被害者支援に従事してきた実績を買われ、与野党協議の責任者に選ばれる。

泉は、野党側の議員の怒りを鎮めて歩いた。

「被害者には与党も野党も関係ありません。被害者を救うという法の趣旨に立ち返って、力を合わせて成立させましょう。ご協力ください。孤立無援の被害者を助けましょう」

泉は条文にも手を入れる。かつて「赤ペン入れて直したろか」と感じた条文をつくる側に回った。法案には、被害者の損害賠償請求の援助や、給付金の支給制度の充実、保健医療・福祉のサービスの提供など国の責務も書かれる。当初、官僚は「犯罪という原因に着目して、特別に支援するのはおかしい」となかなか認めようとしなかった。

犯罪では、第一義的に加害者の責任が大きい。官僚は国の責任を法案に書きたくない。悪いのは殺した加害者であり、国は被害者が可哀そうだから見舞金を出す、という発想だ。

ひるがえって欧州の国々は、根本的に国家は国民を守る使命を負っているととらえるから、犯罪であれ、命を守れなかった二次的責任が国にもあるとして支援する。国ごとのスタンスの違いも官僚や議員と細かく議論をし、泉は与野党協議で法案を練った。

こうして与党の上川と野党の泉はペアで国会の審議を乗り切り、04年12月、「犯罪被害者等基本法」(「等」アリ)は成立したのだった。

並行して泉は、「無年金障害者救済法」の民主党内組織を設け、座長に就く。

障害者は、自らの労働では収入を得られなかったり、著しく収入を制限される一方、特別な出費がつきまとう。障害者が地域で暮らすには必要最小限の収入を安定的に確保しなくてはならない。そのために税金による「特別障害者手当」「特別児童扶養手当」や、社会保険に基づく「障害基礎年金」「障害厚生年金」の制度が用意されている。

なかでも障害基礎年金は、重要な所得保障の柱だ。国民年金に加入していた人が事故や病気で障害を負うと等級に応じて受給できるしくみである。

が、必ずしも本人の責任ではないのに障害基礎年金を受給できない事例が続出していた。障害を負った時期が20歳未満なら障害基礎年金は支給されるが、20歳以上の収入のない学生や主婦が国民年金に加入していなければ、障害を負っても年金は支給されなかった。

1991年まで学生は任意加入（91年4月以降は強制加入）の対象で、多くの大学生らは年金保険料を払っていなかった。いわば就職するまでの「空白」の期間に事故や病気で障害を背負っても、国民年金未加入で適用外とされていたのだ。任意加入で保険料を支払っていなかった主婦もまたしかり。

あるいは1982年1月1日時点で20歳を超えていた在日外国人障害者は、国籍条項で国民年金に加入できず、障害基礎年金の対象外だった。82年1月1日をもって国籍条項が撤廃され、外国人障害者も国民年金への加入が認められる。

このような無年金障害者は、明らかに制度設計のミスで生まれているが、官僚は「無謬主義」のメンツにこだわって救済に目を向けようとしなかった。ならば国会議員の立法で事態の打開を図ろうと泉は先陣を切る。

泉は民主党内をまとめて無年金障害者救済法案を作成し、自民党側の法案にぶつけた。与野党が競い合って可決、成立を目ざす。

焦点は、救済の対象をどこまで広げ、どの程度の金額を給付するかだった。

自民党案は、「任意加入制度が適用されていた学生や主婦らを対象に、1か月につき、障害者等級1級者5万円、2級者4万円」だった。

民主党案について、泉は04年11月17日の衆議院厚生労働委員会でこう説明した。

「制度上の欠陥によって無年金となっている在日外国人、在外邦人、学生、主婦を優先的に救済の対象とし、保障の水準を現行の障害基礎年金と同等（障害者等級1級者8万3000円、2級者6万6000円）とすること、未納、未加入を原因とする無年金障害者に対しても速やかに法制上の措置を行うことを求める」

自民党案の救済者数は約2万4000人、民主党案のそれは約12万人と大きくかけ離れていた。泉は、在日外国人の無年金障害者を排除する自民党に食い下がる。

「在日外国人の問題は、入ろうと思っても入れなかった方々であります。とすれば、任意加入制度下の方々を救済するのに、在日外国人らを救済しない理由は全く理解できません。この問題は在日外国人の参政権問題とは異なり、すでに1982年以降は在日外国人もすべて強制加入下できっちりと給付している。在日外国人のうち、82年以前に障害のあった方のみを取り残している。この結果、また違憲判決が出ることをわたしは恐れております」

最終的に自民党案に外国人の無年金障害者に関しての検討が附則としてつけられ、本会議の採決に送られた。04年12月3日、全会一致で無年金障害者救済法は可決、成立した。

民主党内では、またしても「おいしいところを自民党にもっていかれた」と不満がぶちまけられたが、泉は意に介さなかった。手柄はいらない。無年金の障害者を一人でも救い、一歩でも前に進みたかった。

泉は、さらに「オレオレ詐欺対策のための口座売買禁止法」「闇金対策のための年金担保融資禁止法」「被災者生活再建支援法の改正法」と議員立法を結実させていく。04年初頭から05年夏までに5本の議員立法を成立させ、内閣法制局の官僚たちは「田中角栄以来の壮挙だ」と驚嘆した。

過去に最も多くの議員立法をつくった国会議員は、じつは田中角栄であった。初当選から10年間で22本もこしらえている。大臣時代も含めれば、生涯で46本の議員立法を提案し、33本を成立させた。自民党幹部、閣僚の立場で深くかかわった法律も含めれば、田中の力で日の目を見た法律は120本を超える。他の追随を許さぬ金字塔といえるだろう。

泉は、離婚による子どもの養育費問題、知的障害者が犯す微罪への対策も、民主党内に呼びかけ、議員立法化に挑もうとしたが、手が届かなかった。端的にいえば、まわりがついてこなかった。子どもや障害者への意識の「壁」は野党内でも厚かった。

郵政選挙で落選、再び弁護士に

05年8月8日、首相の小泉は、大博打をうった。郵政民営化法案が参議院本会議で否決されると、「郵政民営化が、本当に必要ないのか。賛成か反対かはっきりと国民に問いたい」と主張し、衆議院を解散したのだ。衆議院で反対票を投じた自民党の全議員に公認を与えず、「刺客」と呼ばれる候補を送る。「小泉劇場」は最高潮に達し、いわゆる「小泉チルドレン」が次々に当選し、国会の門をくぐった。

この総選挙に兵庫2区から出馬した泉は、前回より3000票上積みしたが、トップの赤羽は2万票以上伸ばし、比例復活ならず、議席を失った。小泉旋風に吹き飛ばされたのである。それでも民主党は、泉の力量を惜しんで「公認内定」を知らせてきた。月々の手当も支給し、次の選挙に備えて民主党の人材プールに囲い込もうとした。

しかし、泉は、党の公認を断った。小沢一郎や菅直人、横路孝弘ら民主党の重鎮が入れ代わり立ち代わり、泉を説得したが、固辞した。人生のターニングポイントで、泉は、本命の明石市長にターゲットを戻したのだ。

前回の明石市長選は情勢不利と読んで立たず、衆院選に転じた。「逃げてしまった」という悔恨はずっと消えなかった。もう一度、原点に戻り、初志貫徹しようと明石に帰る。弁護士の仕事にふたたび専念した。

泉は社会福祉士の資格を取って、リーガル・ソーシャルワークを始めた。これは、生活の困窮や「空腹」による万引き、無銭飲食などの犯罪を防ぎ、刑務所出所後に帰る場所のない元受刑者に住居を提供して生活支援を行なう活動だ。

07年に官民協働の矯正施設（刑務所）「播磨社会復帰促進センター」が隣の加古川市に開設され

ると、泉は足しげく通い、受刑者の社会復帰の相談に乗った。国会で積み残した知的障害者の微罪への対策を自ら実践している。

泉の強みはここにある。支援が必要な現場に飛び込み、問題を解決して得た知見を行政の制度づくりに生かす。現場を知らない官僚との議論に勝ち、議員立法を成立できたゆえんである。現場と制度を泉は股にかける。

センターで小柄な50代の男性受刑者が泉の目に留まる。明らかに軽度の知的障害で、万引きや無銭飲食をくり返していた。出所後、人生をやり直したい意欲が伝わってきた。そこで泉は、男性が刑務所にいる間に「療育手帳」を取得させようとした。

療育手帳とは、都道府県知事や、自治体の首長が知的障害者に発行する障害者手帳だ。療育手帳があれば、生活保護の障害者加算や、公営住宅の優先入居などさまざまな支援を受けられる。療育手帳を得るには、医師の診断を受けねばならなかった。

泉は、療育手帳の発行元の兵庫県に、医師の巡回診療中に刑務所へ寄って男性を診断してほしいと申し入れる。兵庫県は泉の依頼を蹴った。泉は諦めない。医師が来ないなら、こちらから受診にいくまでだ。刑務所長に男性を医師に診てもらうと伝えると、勝手に連れ出されては困ると言う。なんと刑務所が護送車を出して男性を乗せて受診に行き、刑務所収容中では第一号の療育手帳の交付にこぎつけた。

間もなく、男性は出所し、生活保護を受けた。キリスト教会のサポートでアパートを借り、炊飯器や冷蔵庫、家財道具もそろう。知的障害者の里親ともつながる。男性は福祉作業所のプログラムに参加し、地域に溶け込んでいった……。

泉が明石に戻ってみると、日本社会の格差拡大で、最底辺の困窮ぶりは想像を絶する状態に陥っていた。

泉は、十代半ばの兄と妹の成人後見人を務めた。兄妹は、母親が14歳と15歳で生んだ子どもだった。母親は子どもが幼いころ、家から追い出されていた。兄妹は父親と祖母に育てられたが、どちらも亡くなる。兄妹は肩を寄せ合い、古びたアパートの蛆がわきそうなぼろぼろの部屋で暮らしていた。県の教育委員会は、兄妹を高校から追い出そうとする。高校の校長は、こんなに可哀そうな子どもらを退学させるのは忍びない、とさまざまな機関に相談した。話は、めぐりめぐって泉のもとに舞い込んだ。

泉は自分の法律事務所の裏手にアパートを借り、女性スタッフを兄妹の世話係につける。経費は自腹を切った。九州に出張し、ふたりを迎えてくれないかと親戚を回って頭を下げたが、誰もうんと言わない。女の子は、自殺念慮が強く、たびたびリストカットをしていた。何度目かのリストカットで、女の子は総合病院に搬送される。泉は戸籍をたどって、幼いころに生き別れた母親を探しだす。母親は再婚して新しい家庭を築いていた。

思い切って、母親に連絡を取り、状況を教えた。母親は大急ぎで病院に駆けつけ、娘と対面し、「わたしはあなたが好きよ」と告げて、家を出た経緯を話して聞かせる。女の子は、精神的に落ち着き、母親の新しい家庭とアパートを行ったり来たりした。兄は高校を出て、物流会社に就職し、自活する。妹は高校を中退した後、遊戯場で働き、知り合った男性と結婚した。ふたりが20歳を迎えて泉の成年後見は終わった。

妹は成人式の日、事務所に泉を訪ねてきた。泉は不在で会えなかったが、「ありがとうございました」と伝言が残されていた。兄妹、それぞれが人生を無事に歩んでくれることを祈るばかりだ。

泉は7人の高齢女性の後見人もやり通している。それぞれ借金取りに身ぐるみを剝がされるような憂き目にあっていた。一人ひとり、看取り、仏壇には7つの位牌が並ぶ。「正義」と「金儲け」の峻別にはこだわった。知的障害のある男性の交通事故被害では、保険料の支払いを渋っていた保険会社から巨額の補償金を引き出す。強引に債務を取り立てるサラ金には、事務所員総出で終日、抗議の電話をかけまくり、「仕事にならん。弁護士さん、あなたはどうかしてますよ」と泣きが入った。

「どうかしてんのは、おまえらじゃ。弱いもんに同じことしとるやないか。毎日やるぞ」

と、やりこめる。

「堪忍や。もうしません」と言質を取った。

人権・武闘派、市長選挙に出る

泉は、人権派であり、同時に武闘派でもあった。泉房穂の名前は明石市民に浸透し、２０１１年4月、満を持して彼は市長選に出馬したのである。

選挙戦に突入し、泉がタスキをかけて街頭演説に奔走していると、携帯が鳴った。泉が療育手帳の取得をサポートして生活を再スタートさせた男性が、スーパーマーケットで、また万引きをしたという。盗ったのはカップ酒と総菜だった。慌てて泉はタスキを外し、スーパーへ示談の交渉に向かう。驚いたのはスーパーの社員だ。選挙戦の最中に市長候補が示談の相手に現れたのである。泉は話をつけて、また選挙カーに戻った。

選挙期間中、どこからともなく泉の人格を貶める風聞が流された。どんなにガティブ・キャンペーンが張られても、市民は泉を見放さなかった。弁護士、国会議員として何をしてきたか、泉がどんな人間か、市民は知っているからだろう。ローマは一日してならず、である。泉への評価も長い積み重ねの結果だ。最初の市長選を、泉は69票の僅差で制し、それから3期12年、明石を「やさしい街」に変えようと全力疾走した。

22年10月、二度目の暴言がマスコミを賑わし、責任を取って政治家を引退すると発表した。任期までの半年、市長職にとどまって使命をはたすと言う。引退の決心を固めたときも、泉は、心の鑑である「お地蔵さん」に真っ先に報告している。

東大に進学して間もないころ、泉は、巣鴨のとげぬき地蔵尊で小さな石の地蔵像を買った。二見の自宅の玄関横のお地蔵さんの代わりである。朝な夕な家族で拝んだお地蔵さんを身近な存在にしておきたかった。その地蔵像は、いまも自宅の寝室に置かれている。

「わたしは学生時代、お地蔵さんになりたいと思いました。すべての人がしあわせになるのを見届けたい。ゴールに入るのは最後。お地蔵さんに嘘はつけません。誰が見ていなくても、お地蔵さんは見ている。お地蔵さんに胸を張れる人生を送りたい」

と、泉はしみじみと語った。

母の小夜子は、数年前に逝き、80歳まで現役で漁に出た父、秀男は、いま介護施設に入っている。弟は、成長して福祉系の大学を卒業し、兄が市長に就く20年も前に市の職員に採用されて地道に働いている。

小さな地蔵像は一家の喜怒哀楽を抱きしめ、ちんまりと寝室の枕元に立っている。

政治の舞台裏には清と濁が入り混じる。すべてを腹に収めて、泉は務めをはたし、「やさしい明石」を次の代に継承したいと願う。泉を見守ってきたお地蔵さんは言うだろう。

「房穂、最後の仕上げや。思う存分にやりなさい」と。

5章

泉房穂のこれから

泉房穂の後継者たち

明石駅頭の朝の光に小雪がきらきらと舞っていた。2023年2月15日、会社や学校へ急ぐ人たちがしばし足を止め、人垣ができている。泉房穂がマイクを握った。

「やさしい明石をこれからも。継続への責任。おはようございます。明石市長の泉房穂です。お近くの皆さま、大きな音量で申し訳ありません。やさしい明石をこれからも継続するために立ち上がった『明石市民の会』6人の仲間を紹介します。まずは、橋本けいご君、34歳、4人の子を持つお父さん、先月まで公務員でした。慶応大学卒……」

ふだんは速射砲のように喋る泉が、春の統一地方選挙の候補者擁立を控え、ゆっくりと噛んで含めるように語りかける。「明石市民の会」は泉が代表を務める政治団体だ。市政から身を退く泉は、春の選挙で「市民派」の市会議員が議会の過半数を占められるよう候補者を公募した。いい人材を「明石市民の会」に集めて多数をとる戦術だ。

現状の明石市議会は定員30人で欠員1人。29人の議員のうち自民会派13人、公明会派6人、泉派は議案によって揺れ動く議員も含めて10人だ。泉印の市民派が議会の過半数を占めれば、後継の市長は「やさしい明石」の安定した市政運営ができる。次の市長を、自分と同じように議会との衝突で消耗させたくない。自薦、他薦の膨大な応募者のなかから泉本人が面接をして6人を選んだ。

駅立ちで最初に紹介された橋本慧悟は、大学卒業後、故郷、兵庫県小野市の市役所で12年弱、都市基盤整備や財務に携わってきた。数年前、泉の子育て施策に感銘し、家族を連れて明石市内に移り住む。明石から小野市役所に通っていたが、公募の締め切り間際に手を挙げた。一番下の子どもはまだ生後2か月である。

駅立ちの後、橋本は候補者に応募した理由を、こう話した。

「誰にでもやさしい明石がずっと続くと思って、私は35年ローンで家を建てました。泉市長が引退を表明されて、ほんとうに市政が受け継がれるのか、途中で子育て政策が変わってハシゴを外されるのではないか、と心配した市民の1人です。公募への応募はぎりぎりまで悩みましたが、30代前半。勝負をかけました。無職になりましたが、どんなことをしてでも、家族を養う自信はあります。これまで地方自治の中心的な部署で働かせてもらって、いろんな経験をしました。都市計画にしろ、財政にしろ、おかしいと感じることも多々あります。公務員の意識も分かります。裏も表も知っているからこそ、議会で役に立てる。泉市長からは即戦力と言っていただいています」

その後、橋本は「明石市民のための県政改革」を唱えて兵庫県議会議員選挙に鞍替えし、市議候補は5人に減る……。

泉が選んだ候補には、高齢者サポートセンターや子ども食堂の活動に心血を注ぐ元スペイン料理店のオーナーシェフ、中学生と小学生の2児の母でPTA活動の中心メンバー、障害者施設の現場で35年働いてきた施設長など、地元とのかかわりが強い候補者たちもいる。それぞれが泉の政治家引退を知り、すわ一大事と立ち上がった。

なかでも移住組の候補、中川奈津美は、家庭と仕事の両立に全力投球した結果、明石を選んだ女性のひとりだ。

鳥取県で生まれ育った中川は、早稲田大学を卒業して大手アパレル会社に就職し、28歳で難関の公認会計士資格への挑戦を決意。33歳で公認会計士試験に合格し、監査法人に入社した。その矢先、乳がんと宣告される。手術を受け、再発防止の治療を開始した。治療中は再発リスクが高まるので妊娠は難しいと医師に告げられるも、2人の娘を授かった。

夫はAI関連のプログラミングの会社を経営しており、フルリモートで働ける。中川本人も、公認会計士なので全国どこでも仕事ができる。子育て環境のいい街を探し、22年7月、神奈川県川崎市から明石に引っ越してきた。川崎と明石の行政対応の違いをこう述べる。

「下の子が、ちょっとコミュニケーションに心配なところがあって、川崎市に連絡したときは、担当がいないので後で電話を、とか、折り返しますと言われ、待たされました。明石は、子育て部局に常に専門家がいらっしゃる。一回のやりとりで、診断を希望するなら、いつ、どこで誰にとか、すべてつないでくれます。サポートの手厚さが全然違いますね」

明石で家族としあわせに暮らしたいと願う中川が、市議候補に応募したのは、ある種の「怒り」

を感じたからだった。

「泉さんのことは、全国ニュースになった暴言で知っていましたが、実際に明石に住んでみて、5つの無料化だけでなく、インクルーシブ（包摂的）なやさしさを実感しました。ターミナル駅を降りて、目の前のビルの階段がLGBTQ＋支援のレインボーカラーに染まっている街なんて他にありません。お金かけなくても、できることを精いっぱいやりろうとしています。大蔵海岸は家族で過ごすにはとても気もちいい場所だし……泉さんは一生懸命やって、結果を出しているのに反対勢力が潰そうとする。そこに腹が立って、市議会に入ったら何か助けられるのではないか、と思い、応募したんです」

難題は、明石との関係の薄さだ。地縁血縁なら生地の鳥取市のほうが濃い。集会では「あなたが優秀なのはわかったけど、ここは地元で育った人を応援する土地柄よ」と忠告された。それに「市民の会」から6人も立てば票を奪い合いはしないか。

「地域との関係ではやりにくさもありますが、そこはしっかり顔と名前を覚えていただくしかないですね。市民の会の候補者は誰が当選してもいいんです。福祉や子育て、スポーツでの街づくり、候補者それぞの背負っているテーマに合わせて選んでほしい。仲間と競うのではなく、浮動票や自民支持票をどれだけ取れるかだと思います。ボーダーラインは2000票といわれています。選挙費用は自腹です。朝の駅前は通勤途上の会社員の方が多いので、公認会計士という肩書と出身大学をアピールさせていただきました」

早朝6時に始まった駅立ちは8時30分に終わり、泉は市役所へ急いで向かった。庁舎内の雰囲気はいつもどおりだが、どことなくさざ波が立っている。神戸新聞朝刊に「恐怖与える言動についていけない」と見出しを打った記事が掲載されていた。

神戸新聞に前副市長が「泉批判」

それは、22年春に任期途中で退いた前副市長、宮脇俊夫の顔写真付きのインタビューだった。宮脇は、泉の市役所運営は「恐怖」による支配であったかのように語っている。

「恐怖心を抱かせることにより人を動かそうとする考えをお持ちで、『辞めてしまえ』『クビや』『退職願持ってこい』『飛ばしたる』と職員を怒鳴りつける。信頼関係に基づいて人に動いてもらいたいと私は進言したが、『甘い美学だ』と一蹴された」

泉にマキャベリスト（手段を選ばない権謀術数主義）の烙印を押そうとしているかのようだ。市役所で協議中にパーティションを倒したとか、泉のアラを暴露している。密室でのやりとりなのでどこまで事実かわからない。話の本筋は、なぜ宮脇が副市長の任務を途中で投げ出したのかだろう。

「もうついていくのをやめようと思ったきっかけは、泉氏が職員に放った『金もうたんか』の言葉です。贈収賄は、公務員が最も犯してはならない罪。公務員への一番の侮辱だ」

どんな状況で、そのような発言があったのか。宮脇は不動産会社（＝神鋼不動産）との土地取引を挙げて説明する。やや長くなるが、土地開発にかかわる重要な案件なので記事を引用しよう。

「JT工場跡地（大久保街ゆりのき通）北側に面する帯状の土地買取りについて、担当職員と話していた時でした。この土地は同跡地を活用する上で欠かせない一方、買い取りを巡っては、所有する不動産会社と価格が折り合わず、調停で進めていました」

「（調停）委員に価格を示していただいた。不動産会社は、売買に至る経緯を積極的に口外しないよう調停条項案に盛り込みたいと望まれた（傍点筆者）。泉氏に確認したところ了承したため、この案で調停を進めることを前提に、先に土地を買わせてもらった」

「ところが登記が済んだ途端、泉氏が『守秘義務条項が入っているので調停案は不成立にする』と言い出した。『調停案に合意するとすでに（不動産会社に）伝えています』と担当職員（当時の総務局長）がいさめたところ、『お前ら業者から金もうとんのか』と言われた。直後に担当職員からそう報告を受けた。後日の調停は市長自ら出席し、不成立に終わらせた」

「土地さえ得られたら不成立にすればよいと当初から思っていたのか、土地を取得してから不成立にしたくなったのか、泉氏の心の内は不明だ。ただ、市民への説明責任を果たす上でも、『調停に合意する』と伝える前にもっとできたことがあったはずだ。思いや目的が正しければ、うそをついたり、約束を破ったりしてよいのか。自治体がする行為ではない。明石の子どもたちにどう説明したらよいか」

一読しただけでは「ＪＴ工場跡地（大久保街ゆりのき通）北側に面する帯状の土地」の神鋼不動産と明石市の交渉が、価格はいくらで、どう進んだのかはわからない。神鋼不動産が「守秘義務条項」を入れろと要求した背景にどんな事情があったのかも説かれていない。不動産開発では、ただでさえ「政官財」の癒着がささやかれる。宮脇は、泉の手法を断罪する一方、「思いや目的が正しければ」とやや弱腰な物言いもしている。

泉の批判者は、暴言にしても、恐怖を与える言動にしても、いつも彼のコミュニケーションの仕方をやり玉にあげる。もちろん事実なら非難されようが、物事には「根幹と枝葉」、「本質と現象」の違いがある。

泉が担当職員へ厳しい言葉を投げかけたことの根幹、本質は「ＪＴ工場跡地北側に面する帯状の土地（以下、帯状地）」の取引がどう行なわれたかだ。こうした開発案件は、あらゆる自治体に転がっており、市民から見えにくい利権が形成されている。地方政治の暗部だ。ここを照らさなくては泉がたたかった相手の正体は見えず、彼の後継者、あるいは全国で増えている泉シンパがぶつかる壁もわからないだろう。

くり返すが、部下を精神的に追いつめる暴言やパワハラは許されない。まして権力者のふるまいとなれば影響力は大きい。されど、行政の開発事案にはわかりにくい本質が隠れている。帯状地の

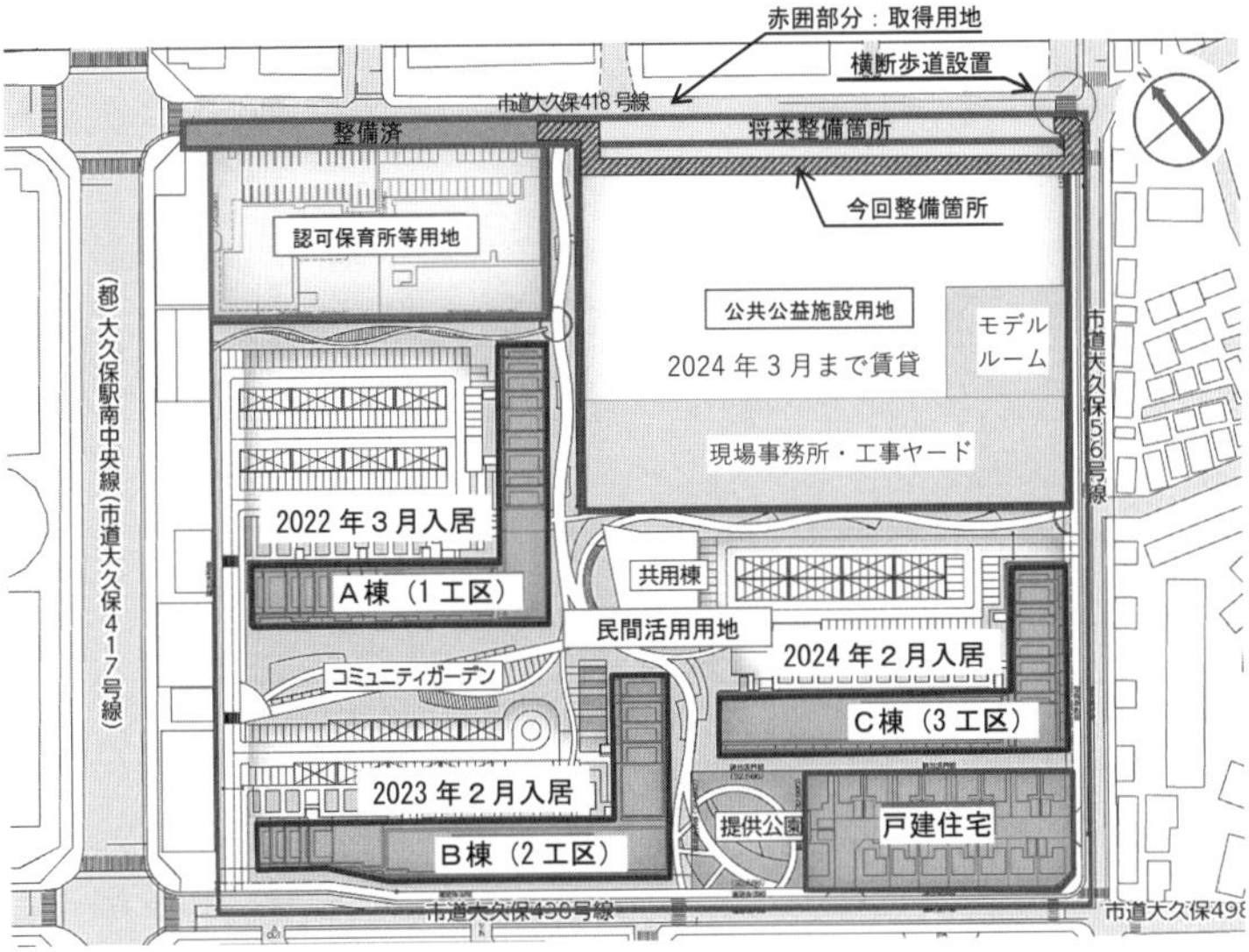

路線名：市道大久保418号線　延長：約160m　幅員：歩道2.5m
内容：歩道整備、横断歩道設置（東側交差点）

取引を丸裸にして、前副市長の言い分を検証してみたい。

前副市長の主張を検証してみる

まず、この帯状地を図（「ＪＴ跡地北側土地の取得等について」21年12月4日付・明石市総務常任委員会資料より）で示しておこう。ご覧のとおり、長さ約２５０メートル、幅約2メートルの帯状地が、ほぼ正方形の広大なＪＴ工場跡地の北側に、道路への出口をふさぐ形で延びている。

ことの起こりは、２０１５年のＪＴ工場（特機事業部）廃止にさかのぼる。17年、明石市は廃止されたＪＴ工場の跡地、約５・６ｈａを35億９０００万円で買い上げた。取得交渉には泉が乗りだしている。その一方、北側の帯状地については、18年5月、所有者の神鋼不動産と明石市が賃貸借契約を結んだ。神鋼は明石の地元企業でもある。神戸製鋼グループの建設機器メーカー、コベルコ建機は、JT工場跡地のさらに南、国道250号線を隔てた大久保事業所で移動式クレーンなどを生産している。

明石市は、神鋼不動産と帯状地の賃貸借契約を交わしたのと同じころ、今後の宅地開発を見すえてJT工場跡地を「工業専用地域」から「第一種中高層住居専用地域」に用途変更して売りに出した。

公募型プロポーザル（事業提案）方式の土地売却コンペには、5つの不動産開発グループが参加した。このなかに神鋼不動産が中核の共同事業体（他に住友商事、大林新星和不動産、日本土地建物）も入っている。一次の資格審査で、神鋼の共同事業体など4組にしぼられ、二次審査に移った。ここで事業計画と価格の両面で5人の「評価委員」が点数をつけ、「優先交渉権者」を決める。よほどのことがない限り、優先交渉権を得たグループが土地を購入する。実質的な売却先の決定である。評価委員の責任は重い。

非常に興味深いことに5人の評価委員のなかに流通経済大、兵庫大、神戸大の教授らとともに明石市政策局長が入っている。この政策局長こそ、副市長に昇進する前の宮脇だ。市の局長なら地元企業に肩入れしたくなってもおかしくない。

だが、二次審査の結果、優先交渉権者に選ばれたのは、地元に根を張る神鋼不動産ではなく、関電不動産と三菱地所、ＪＲ西日本、住友林業の共同事業体だった。神鋼不動産が落胆し、憤ったのは想像に難くない。

明石市が公開している「ＪＴ跡地の公募型プロポーザル方式による売却に係る優先交渉権者の決定について」（18年10月15日付・政策局都市開発室）の「評価結果」をみると、事業計画点は60点満点で関電グループ「48・6点」に対し、神鋼グループ「47・6点」と大きな差はない。だが、価格点は40点満点で関電グループ「40点」、神鋼グループ「31・2点」。つまり関電グループが最高額を、神鋼グループはそれよりも20％以上低い金額を提示している。

明石市は、高値での買い取りを提案した関電グループを優先交渉権者に選び、66億８０００万円でＪＴ工場跡地を売却した。17年に35億９０００万円で買った土地を、18年に66億８０００円で売っている。収益の約31億円は市の基金に積み立てられた。

明石市は、大手不動産デベロッパーも真っ青の収益率の高い土地売買をしたわけだが、厄介なのは事業提案コンペに落とされ、煮え湯を飲まされた神鋼不動産との「帯状地」の賃貸借契約だ。

明石市にすれば、ＪＴ跡地の高値売却が決まり、そこに認可保育所の開設も織り込んだのに帯状地が道路へのアクセスを阻んでいる。これでは土地が使えない。

そこで副市長に昇格した宮脇と総務局長ら担当職員は、帯状地の買取り交渉を神鋼不動産と始める。価格が折り合わない。市の公式文書「ＪＴ跡地北側土地の取得等について」によると、19年11

月、神戸簡易裁判所に「調停」を申し立てた。宮脇は、神戸新聞のインタビューで、調停条件として神鋼側からの守秘義務要求をのみ、泉にも確認したと語っている。

調停を進めて、「先に土地を買わせてもらった」と宮脇は言う。だが、登記が済んだとたん、泉は「守秘義務条項」を理由に調停の不成立を主張。いさめる総務局長に「お前ら業者から……」と発言し、自ら調停を不成立に終わらせたと語る。調停の不成立は、約束破りだと非難してインタビューは終わっている。泉は調停の破壊者と印象づけられる。

が、しかし、実際の帯状地の買取り交渉はそのつづきがあった。その後、裁判所の調停は成立しているのだ。「JT跡地北側土地の取得等について」には、21年3月9日、裁判所が当事者双方に調停委員会解決案を提示と書かれている。6月29日の市議会議決を経て、7月1日に土地売買契約を締結とある。所有権の市への移転登記も終わり、長さ約250メートル、幅約2メートル「面積：479・63平米（約145坪）」の帯状地は、1億6814万円で市に買い取られた。坪当たり「116万円」である。どういうことか。

明石市の不動産開発事業に詳しい関係者は、帯状地売買の裏事情をこう語った。

「JT工場跡地を神鋼は欲しがっていました。市の職員と地元企業がつながっているのは常識やね。どんな密約があったかは知らんけど、あの細長い土地だけでは使いみちない。せいぜい坪当たり40～50万円。6000～7000万で売れれば御の字や。どうみても億にはならん。そやけど、JT

跡地を買えなかった神鋼は激怒して、あの細長い土地をえらい高値で売りつけようとしたそうや。守秘義務？　世間に知られたくないんやろ。最初に神鋼が吹っかけた金額は9億とも言われてるな。そこから担当職員らが、まぁ交渉してやね、3億まで下げて、がんばりました、調停成立です、と泉市長に報告した。3億で何ががんばりましたや、ええかげんにせぇで、泉さんがちゃぶ台ひっくり返して、調停の仕切り直し。最終的に裁判所が1億7000万ぐらいの解決案を出して手打ちしたんでしょう。それでもかなり高いけどね」

泉に、JT工場跡地の売買経緯と、不動産開発関係者の証言をぶつけてみた。

「日々、職員には、どっち向いて行政やってるんや、市民のほうを向け、なんで企業に便宜を図らないかんねん、とたびたび言ってきました。JT工場跡地の売却の公募型事業提案では、5人の評価委員の1人だけが神鋼に高い点をつけたけど、他の委員の点数が低くて落ちた。土地（帯状地）の買取り交渉では、当初、私の認識では3000万円ぐらいの土地を、先方がとんでもない値段を吹っかけてきた。前副市長たちが交渉して3億円で買おうとしたので止めて、裁判所の調停に付したのはそのとおり。市民を優先するか、業界に忖度するかの違いです。億のカネを無駄遣いして市民の負担を減らすといえますか」

政治家引退を発表してからも泉へのネガティブ・キャンペーンめいた記事は地元紙に載った。敵対勢力が泉の影響力や、万一、翻意して市長選に出馬されるのを恐れているからだろうか。

加古川市長の泉批判

隣接する加古川市の市長・岡田康裕も泉批判をくり広げた。23年1月27日付の神戸新聞で「誤解招く『数字のマジック』」と題し、岡田は「貯金に当たる基金残高も10年度の70億円から20年度の112億円まで増えたというが、明石市有地の売却益（JT工場跡地の31億円）が大きい。人口増と切り離して論じなければ誤解を招く」と述べる。

JT工場跡地の売買については前述のとおりだ。泉は、市民の利益を最大化させようと企業と交渉し、31億円の基金を積み立てた。泉のバーゲニングパワーは人口増が裏打ちしており、よけいなお世話だろう。岡田が泉に噛みつくのは人口を奪われた恨みからではないか。2020年までの8年間で、明石市は8000人増え、加古川市は9000人減っている。状況は極めて対照的だ。岡田市長はこうも言う。

「たとえ人口増による税収増効果が大きかったとしても、手厚い子育て支援による『まちの好循環』を全国の自治体に広める―との論理そのものがおかしい。明石市の人口増は他市町からの転入によるものだが、自治体がみんな子育て支援を手厚くした場合、そのまち、どこから人が転入してくるのか。どうやって財源が生まれるのか」と岡田。

しかし、である。すべての自治体が明石並みに子育て支援を手厚くしたら、国全体で子どもを産み育てやすくなり、出生数の増加につながる可能性が高い。そうすれば、需要が生まれ、経済も上向く。財源も増えるだろう。

「数字のマジックの入ったビラで他市の評判を下げてまで自市を良く見せ、転入を促した手法には、市長として正式に抗議し、撤回したり、市民に『やりすぎた』と表明したりしてもらべきだったと後悔、反省している。歯ぎしりしながら我慢してきてしまったことが、『好循環』の数字のマジックを許している」

泉が政治家引退を表明し、去り行く過程で、抗議しておけばよかったと言うのは狡いのではないか。我慢せず、泉と火花を散らせばいい。

記事の最後のパラグラフに岡田の本音が凝縮していた。

「『明石市で好循環を起こせた。他市町でもできるはず。やる気次第だ』との泉氏の発信を見聞きした住民から『なぜ、加古川はしないのか』とずっと言われてきた。ただ、好循環は起きておらず、財源がないのに『しろ』と言われてもみんな困る。全国に広げるべきと泉氏は旗揚げまでしようとしているので、それを正さないと、社会的に悪影響が出ると思った」

「子どもを核としたまちづくり」を全国に広げると「社会的に悪影響が出る」とは、自治体間競争で敗れた首長の負け惜しみ、引かれ者の小唄のように聞こえる。ただ、このような反応も日本の地方政治の現実ではある。

泉は、やや辟易した表情で、こう語る。

「くさい言い方かもしれませんが、首長にはその自治体、市民への愛が必要です。遠くから眺めたお役所仕事みたいな数字引っ張ってきて、あれこれ言う前に、いかに住みやすく、子どもを産み育てやすいまちをつくるか。市民の顔をみて、市民の声に耳を傾けて、施策を実行すればいいんです。子ども政策は、本来、国が手厚くやらないといけない。それをしないから、明石は自前でやっている。子育て世代の家族が移住して、室内遊び場や図書館でお金がかからず、駅周辺でご飯を食べたり、買い物をしたり。子育て層への負担軽減策によって、そのお金が地域に回っています。市民の喜ぶ顔、まちの賑わいにリアリティがある。とってつけた数字じゃない。安心感が好循環の原動力なんです。まわりの市町村や全国各地に子育て支援策は広がっています。加古川もどんどんやればいいんです。二言目には財源云々というが、予算編成権を握る市長が決断すればできるんです」

どうする財源「子ども」か「軍備」か

現在、日本は深刻な「人口減少」の危機に瀕している。コロナ禍の影響もあり、22年の出生数は想定より8年早く80万人台を割り、77・2万人まで減った。逆に死亡者数は155・1万人に増えており、差し引き、77・9万人の自然減である。

これは福井県の人口がそっくり消えたようなものだ。同じく21年の自然減は62・8万人、20年は

53・2万人。わずか3年で約200万人ちかくの人口が減っていて、福井県に加えて鳥取、島根両県の人口が吹き飛んだのにほぼ等しい。

コロナ後は出生数が幾分、増えるかもしれないが、自然減のトレンドは変わらず、「地方消滅」の縮小スパイラルにはまっている。このまま人口減少、貧困、財政赤字、社会的孤立と都市の空洞化などが進めば、2050年ごろには人口が1億を割り、社会は制御不能の破局を迎えるのではないかとの見方もある。

すでに日本は、過去30年間賃金は上がらず、税と保険料の国民負担率は欧州並みの約50％に達しているが、社会保障は先細るばかりだ。原点の所得再分配で格差を縮め、国民の生活が保障されなくては社会が維持できなくなる。人口減少の衝撃はそれほど大きい。

だから個人のしあわせと社会をつなぎ、明日に希望を与える「子ども政策」が重要なのだ。「子どもを安心して産める、産んだ、みんなで育てよう」の連鎖が求められる。

泉が起こした子ども支援旋風は、首相だった菅義偉に「子ども庁を創設し、子どもを産み育て、学ぶ、そういうところに光を当てる」と言わせた。後継首相の岸田文雄は「子ども関連予算の倍増」を標榜し、23年初頭には「異次元の少子化対策」への挑戦を口にする。

しかし、岸田は、防衛費5年で総額約43兆円（23〜27年度）、GDP比2％到達を政府内に指示し、財源確保を後回しにすると、子ども予算の倍増はトーンダウン。何をベースの倍増なのかも不明瞭なまま、23年4月に「こども家庭庁」は発足する。

日本は、社会の維持可能性が問われる重要なターニングポイントにさしかかっている。

3期12年、明石市長を務めた泉は、4月末日をもって任期を終える。その後は、野に下り、全国各地の首長や政治家にアドバイスを与え、ネットワークをつくって社会を変える活動に移るはずだが、先はわからない。兵庫県知事選挙への出馬もありうる。政治とのかかわりは一生続く。退任後、関西のテレビ局でのコメンテーター出演や、雑誌のコラム連載も始めるようだ。

泉の3期12年を通観して、あらためて地方自治の首長と議員、どちらも住民が直接選挙で選ぶ「二元代表制」の難しさを私は痛感している。首長と議会は対等で、首長・行政側が予算案や条例案を作成しても、議会の承認がなければ政策は実行できない。自治体の行政は議会のチェックを経て運営されるので、首長が議会を招集し、議案の審査を受ける。

しかしながら、首長と議会の信頼関係が崩れると対立は深まり、修復がきかなくなる。

もしも2期目あたりで議員の過半数が泉の側についていたら、結果は変わっていただろう。ただ、現実には「政官業」のしがらみが「カネ・肩書・社会的評価」と結びついて影の秩序をつくっており、泉とは相容れなかった。影の秩序を破壊するのは容易ではない。壊したと思っても、もう一つの「政官業」の秩序が生まれる。このしがらみを断とうと思えば、「公」とは何か、「公共」とは何か、愚直に語りつづけるしかない。

ここでいう公とは、権力者が民を従わせる方便ではなく、ともに支え合って社会が保つ共通の基盤をさす。農山漁村で伝統的に資源の枯渇を防ぐために機能してきた「入会（コモンズ）」や、京都・祇園の商いと文化、景観を守ってきた土地の共同所有などの精神に通じる。公共事業の名のもとに内輪で私腹を肥やしあう縁故資本主義（クローニー・キャピタリズム）とは対極にあり、倫理感に裏打ちされている。

公は「パブリック」との相性もよく、万人に見られ、聞かれ、評価される共通の対象でもある。古代ギリシャの都市生活の中心「アゴラ（広場）」は、その典型だろう。首長や議会というものは、そういう公を体現している。だから尊いのである。

今後、泉が子ども政策を中心に「やさしいまちづくり」を全国に展開していくうえで、関西圏特有のややこしさも感じている。それは、「維新の会」とのリアルポリティクスでの付き合い方と、党是、綱領レベルでの判断をどう下すかだ。

橋下徹と泉の違い

泉は、維新の会の生みの親、橋下徹とは49期司法修習生の同期である。埼玉県和光市の司法研修所で机を並べ、ラグビーで汗を流した仲だ。個人的には親しいという。何度目かのインタビューの途中で、泉は、自分と橋下の違いをはっきり口にした。

「政治スタンスはかなり違います。わたしは、社会的弱者とともに。橋下くんは、自分は苦労しているが、自由競争論者。自己責任論者だと思います。つまり、がんばらないやつが悪い。高校生に対して頑張らんかと言えてしまう。弱い者に対する頑張れ系なんですよ。頑張れば報われる。わたしは、がんばっても世のなかに報われない、どうするんや、です」

そんなふたりが一緒に酒を飲んで衝突しないのかと聞くと、泉はこう言った。

「そんなこと言ったら、みんなスタンスはバラバラ。自分らは、子どものころから超少数派と自覚して生きてきた。自分が多数派だと思ったことないんですよ。たまに怒られるんですけどね。経歴みられてね。世間的にはエリートっぽいけど、意識は常に少数者で弱い者なんですよ。自分は弱い者とともにたたかっている代理人みたいなもの。強者の片棒かつぐつもりはない。スタンスは一貫しているので、常に目線は少数者。少数者である以上、自分と違う価値観や判断と、いかに一緒にやっていくかがポイントだから、わたしから言えば、橋下くんぐらい味方につけないと世のなか、変えられへんからね。世のなか回されへん。橋下くんがどう思っているかは聞いてないけど（笑）」

弱者のリアルポリティクスに私は、思わず唸った。腹の据え方が違う。

政党としての日本維新の会は「維新八策2022」の8つの政策提言の6番目に「未来への投資・多様性－教育・子育てへの徹底投資、多様性を支える社会政策」を掲げている。子育て政策の推進派だ。泉に共感している維新議員も多い。

その一方で、維新の会は、提言の3番目に「ウクライナ危機と日本の安全保障－ウクライナ危機を受けた、安全保障の抜本強化とリアリズム外交」と、防衛費増額を強く推している。具体的には「防衛費のＧＤＰ比１％枠を撤廃し、まずはＧＤＰ比２％を一つの目安として増額することを目指し、他国からの武力による侵略や、テロ、サイバー攻撃、宇宙空間に対する防衛体制を総合的に強化し、国民の生命と財産を真に守れる『積極防衛能力』の整備を図ります」と提言している。ある意味、自民党よりも防衛力強化には熱心で、戦闘的だ。

国レベルで社会保障、医療・福祉・介護、子ども政策の財源をどう捻出するかとなれば、増え続ける防衛費との比較検討が当然、視野に入る。大胆な予算の付け替えで子ども政策の財源を確保するなら防衛費も俎上にのせなくてはなるまい。国の財源が限られているのなら、国民生活を支え、内需の拡大にもつながる子ども政策を優先するか、米国から武器を爆買いして戦争の準備を先に進めるのか、真正面から議論しなくてはならない。

泉に外交・防衛をどう考えるのか、と聞くと「専門外なのでとくには語らない」と珍しく口をつぐんだ。首長としてのリアルポリティクスを重視したのかもしれないが、いずれ語らねばならなくなるだろう。

自民党、公明党、維新の会は、「台湾有事」を理由に日米一体化した軍事力の増強に突き進もうとしている。台湾有事とは戦争の一形態だ。台湾の人びとの本音は「現状維持」なのに米中対立の煽りを受けて危機のまんなかに押し出されている。
子育て支援か、軍事力の増強か。
財源論の根本で私たちの選択が問われている。

あとがき

「怒り」とは火のようなものだろう。激しく燃える火は、すさまじいエネルギーを生む。しかし、度を越えれば自らを焼き尽くす業火に変わる。

明石市長、泉房穂の3期12年は、「貧困」と「差別」を当然として社会的弱者に苦しみを押しつける世のなかへの怒りが起点になった。泉本人は、冷たい社会への「復讐」と言う。いずれにしろ、怒りの炎をもって「やさしい明石」をつくるという離れ業をやってのけた。

泉は、5つの無料化に代表される子ども政策、障害者や高齢者への施策の数々、犯罪被害者や旧優生保護法被害者、LGBTQ+への支援など、少数者への取り組みを実践することで、マジョリティの市民を惹きつけた。子育てのしやすさ、少数者でも安心して暮らせるやさしさが、人を招き寄せ、街が潤い、地域の好循環が生まれる。

怒りの火を、極めて高度にコントロールした成果であろう。

その一方、自ら発した怒りの言葉で、2度、世間から「暴言」の烙印を押され、進退窮まった。メディアは、泉の怒りっぽい性格に問題ありとし、アンガーマネジメント云々の文脈でとらえる。パワーハラスメントが許されないのはそのとおりだ。ただ、長時間、何度も泉にインタビューをして根掘り葉掘り経緯を聞き、市の職員はじめ関係者に取材をすると、彼の怒りが度をこす要因のほうに、むしろ現代の政治が抱える本質的病巣があるとも思った。

それは、古くて新しい「政官財」の癒着構造である。中央から地方まで政官財はびっしりとつながっている。市民から見えない政官財の秩序は、街のやさしさなど関係ない。独自の力学で動くから、泉はキレてしまう。そこのダイナミクスを書こうと思い、筆を執った。

明石市が舞台の秘密録音や密告、地元メディアも巻き込んだ騒動は、読者が暮らすまちでもいつ起きても不思議ではない。いや、すでに形を変えて生起しているだろう。

泉が政治家引退を宣言しても、政治とのかかわりが消えるわけではない。逆に全国的な発信力は強まるのではないだろうか。政官財との力比べはまだまだつづく。日本は「やさしい国」に生まれ変われるかどうかの瀬戸際にきているようだ。

泉には、雑誌AERAの「現代の肖像」、デモクラシータイムス、そして本書の取材で、つごう6回も長時間のインタビューを受けてもらった。明石市の現役、OBの職員、泉の支援者とそうでない人にも話をうかがった。ここに厚く御礼を申し上げる。


（本文中、敬称を略させていただきました）

2023年3月28日

海外取材途上のドバイにて　山岡淳一郎

山岡淳一郎（やまおか　じゅんいちろう）

1959年愛媛県生まれ。ノンフィクション作家。「人と時代」「公と私」を共通テーマに政治・経済、医療、近現代史、建築など分野を超えて執筆。時事番組の司会、コメンテーターも務める。一般社団デモクラシータイムス同人。著書に『ルポ　副反応疑い死』（ちくま新書）、『コロナ戦記　医療現場と政治の700日』（岩波書店）、『後藤新平　日本の羅針盤となった男』『田中角栄の資源戦争』（ともに草思社文庫）、『ゴッドドクター　徳田虎雄』（小学館文庫）ほか多数。

暴言市長奮戦記
明石市長　泉房穂のすべて

2023年5月1日　初版第1刷発行

著　者　山岡淳一郎
発行者　二木啓孝
発行所　世界書院
〒一〇一-〇〇五二
東京都千代田区神田小川町三-一〇-四五
駿台中根ビル五階
電話　〇一二〇-〇二九-九三六

印刷・製本・組版　精文堂印刷

ISBN978-4-7927-9594-8 C0031